나의 첫 질문

국어공부
어떻게 해야 할까요?

【프롤로그】

중국 송나라시대 정치가이고 당송팔대가인 구양수는 글을 잘 짓는 방법을 3다(多)라고 했습니다.
- ① 다독(多讀) : 많이 읽다
- ② 다작(多作) : 많이 쓰다
- ③ 다상량(多商量) : 많이 생각하다

즉 책을 많이 읽다보면 어휘력이 풍부해져 생각의 폭이 넓어지고, 또한 생각이 깊어지고, 자연히 하고 싶은 말이 많아지게 되면서 보여주고 싶은 글을 잘 짓게 된다는 것입니다.
이 말은 "국어공부 어떻게 해야 할까요?" 질문에 대한 답변과 맞먹는 말입니다.
미래의 약속은 어휘력·문해력·문장력입니다.

[1] 국어공부 어떻게 해야 할까요?

초등학생들에게 국어공부는 만만하기도 하면서 어렵기도 한 과목이다.
초등 국어에서는 읽기, 쓰기, 듣기, 말하기를 중심으로 문학과 문법을 공부한다. 또한 1학년부터 6학년까지 다양한 종류의 글을 어떻게 읽어야 할지를 가르치고 있다. 이를 통해 어휘력과 문해력, 발표력 등 학습의 기본적인 틀을 만들고 평생의 언어용 능력을 키운다. 국어공부가 중요한 이유다. 국어는 모든 과목의 기초가 된다. 그래서 국어공부를 못하는 아이는 어휘력과 문해력, 발표력이 부족한 결과이기 때문에 다른 과목도 잘할 수가 없다.
국어 교육과정은 읽기, 쓰기, 듣기, 말하기를 바탕으로 문학, 문법 영역으로 구분되어 있다. 하지만 실제로 아이들이 이렇게 세분화 된 영역에 대해서 알기는 어렵다. 물론 선생님은 수업시간에 무엇을 배워야 하는지 수업목표에 대해서 일러주지만 영역과 관련지어 궁극적으로 아이들이 도달해야 할 목표가 무엇이고 어디까지인지 알기는 어려운 일이다. 이것은 초등학생, 중학생, 고등학생까지 국어공부를 하는 학생들이면 비슷하지 않을까 싶다. 학창시절 국어공부가 힘들었고, 수능에서도 언어영역 때문에 애를 먹었던 경험이 있을 것이다.
사실, 국어과목은 배울 것이 많고 실제로 교육과정에서도 가장 많은 시간을 할애하고 있다. 그렇다고 아이들에게 국어를 좋아하느냐고 물어보면 그렇다고 대답하는 아이들이 별로 없다. 그도 그럴 것이 수학은 계산을 통해서 정답이 정확하게 도출되고, 통합교과는 움직임 활동이나 조직활동이 주가 되기 때문에 나름대로 배우는 즐거움이나 자기 만족이 있지만, 국어는 이 두 가지 모두가 불분명하고 거기에 학기초부터 일기, 독서감상문 등 숙제까지 내주니 아이들의 입장에서는 무엇을 배우고 있는지 공부를 어떻게 해야 하는지 뚜렷한 방향이 보이지 않고, 지루하고 답답하게만 느껴지는 과목이다.
여기서 짚고 넘어가야 할 부분은 1968년 국어교과서(문교부 발행)부터 2002년국어교과서 (서울대학교 국어교육연구소 발행)까지 초등학교, 중학교, 고등학교 국정도서 국어교과서의 차례를 살펴보면 논설문, 설명문, 기행문, 생활문, 편지글, 일기, 동시, 동화, 희곡, 관찰기록문, 독서감상문, 웅변연설문 등으로 집약되며 여기에 해당 장르의 다양한 지문이 나오고, 그와 관련한 여러가지 활동들이 제시되고 있다. 국어공부의 영역을 포함한 총체적인 맥락, 그리고 어느 정도의 디테일까지 파악할 수 있다.

[2] 국어공부에서 중요한 것은 무엇일까요?

그렇다면 "국어공부에서 중요한 것은 무엇일까요?" 바로 꾸준한 독서를 통한 읽기 능력과 문해력, 어휘력을 갖추어야 하는 것이다.

국어시험은 지문의 내용을 제대로 이해했느냐를 묻는 문제가 대부분이라서 평소 꾸준하게 책을 읽어온 아이들에게는 크게 문제가 되지 않지만, 평소 책을 읽지 않은 아이들에게는 막막하게 다가올 것이다.

게다가 학년이 올라갈수록 지문은 길어지고 깊이는 깊어지기 때문에 국어는 점점 힘든 과목이 되어간다. 그래서 평소 책을 읽을 때는 문학작품 외에도 정보를 전달하는 글, 주장하는 글을 포함한 논설문, 설명문, 기행문, 생활문, 편지글, 일기, 동시, 동화, 희곡, 관찰기록문, 독서감상문, 웅변연설문 등 다양한 글을 접해 보도록 해야 한다. 예를 들어 논설문은 「기미독립선언문」, 「최현배의 겨레의 얼과 말」, 설명문은 「조지훈의 소재와 표현」, 「신일철의 논리적 사고」, 기행문은 「정비석의 산정무한」, 「이은상의 산 찾아 물 따라」, 일기는 「난중일기」, 「안네의 일기」, 희곡은 「유치진의 원술랑」, 「오 헨리의 마지막 한 잎」, 관찰기록문은 「파브르의 곤충기」, 「시턴의 동물기」, 웅변연설문은 「링컨의 게티즈버그 연설」, 「마틴 루터 킹목사의 나에게는 꿈이 있습니다」 등 장르별로 찾아서 읽어 보기를 권한다. 그러면 자연스럽게 개념 정리도 되고, 사실과 의견을 구분하게 되고, 생각이나 느낌을 글로 표현하는 방법도 익히게 된다.

아울러 국어과목에 자신감을 갖기 위해서는 교과서에 실린 지문의 원래 작품을 찾아 읽는 것은 큰 도움이 된다. 교과서에는 글의 일부분만 실리는 경우가 있기 때문에 원래 작품을 찾아 전체를 읽어보면 글을 더욱 풍부하게 제대로 감상할 수 있고, 글의 구성과 앞뒤 상황이 맞춰져 있는 글을 읽을 수 있어 이해의 폭도 넓어진다.

[3] 국어공부를 통해서 다다르고자 하는 궁극의 가치는 문해력과 자기표현입니다.

문해력이 장르별 지문을 해석하여 문제를 푸는 것으로 평가한다면, 자기표현은 논리적인 말하기가 포함된 글쓰기인 논술이다. 아시겠지만 선진국에서는 모든 시험을 우리나라처럼 객관식이 아닌 에세이로 치른다.

솔직히 어떤 과목이든 그 공부의 궁극적인 목표가 무엇인지 생각하는 친구들은 거의 없다. 그저 하기 싫지만 해야만 하는 것이고, 뭐가 됐든 자기자신에게 도움이 된다고 생각하고 있기 때문에 울며 겨자 먹기로 하는 친구들이 대부분 일 것이다.

그래서 "국어공부 어떻게 해야 할까요?" 라고 묻는다면 너무도 뻔한 대답일지 모르겠지만 꾸준한 책읽기와 글쓰기연습이라고 말하고 싶다.

우선 책읽기를 통해 전반적인 문해력을 기를 수 있고, 일기쓰기, 독서록쓰기 등 다양한 글쓰기를 통해 표현력을 향상 시킬 수 있을 것이다. 하지만 이 두 가지 모두를 스스로 재미를 느껴 꾸준히 하기에는 어려움이 많을 것이다.

특히 책읽기는 읽기의 재미를 붙일 때까지 적절한 도움과 관심이 필요한 부분이다. 책에 관심을 가질 수 있도록 자주 노출시켜 주고, 저학년들은 스스로 책읽기를 힘들어 한다면 '독서에 흥미를 느낄 때까지' 귀찮더라도 반복해서 자주 읽어주고 새로운 형태의 책을 권해보는 것도 하나의 방법이라고 할 수 있다. 지금은 종이책(Paper book), 전자책(Electronic book), 듣는책(Audio book) 등 여러가지 형태로 책이 출간되기 때문에 아이가 좋아하는 형태의 책을 선택하여 책읽기에 흥미를 가질 수 있도록 하거나, 만일 아이가 종이책을 부담스러워 하면 오디오북과 병행해서 흥미를 갖도록 동기부여를 제공해준다. 예를 들어 종이책을 펼쳐놓고 효과음악이 있는 오디오북을 듣게 함으로써 독서에 호기심을 가질수 있도록 기회를 마련해 주는 것이다. 노력도 재능이다. 누적된 책읽기는 결국 아이에게 용기와 자신감을 불어넣어 줄 것이다. "어떤 책을 읽으면 좋을까요?" 라는 질문에는, 독서의 중심은 책이 아니라 독자인 아이들이다. 어떤 책이 좋은지보다 아이의 관심사는 무엇인지 아이의 성향과 수준을 파악하고, 어휘력은 어떤지 파악하는 것이 우선이다. 그래서 아이가 흥미를 가지고 좋아하는 책을 먼저 읽게하는 것이 좋다. 시험을 위해 어려운 고전을 먼저 접하게 하여 책과 벽을 만들기보다는 지금의 시대를 배경으로 한 현대 작품들을 먼저 읽으면서 책을 통해 위로를 받아보게 하는 것이 좋다. 그러면서 국어교과서를 읽게하는 것도 놓쳐서는 안된다.

국어교과서를 많이 읽어보는 것은 국어공부에 도움이 되는데 여기에도 전략이 있다.
① 학습 목표를 확인한다.
학습 목표는 소단원에서 무엇을 배우는지를 설명하는 안내 글이다. 이것에 유의하며 읽어나가면 문단의 내용을 잘 이해할 수 있고 요약하기도 쉽다.
② 어려운 낱말을 찾아가며 읽는다.
글을 읽어 나가면서 모르는 낱말이 나오면 그냥 지나치지 말고 그 낱말의 뜻을 문맥에 맞게 유추해 가며 읽어야 한다. 현행 국어교과서는 학생들이 이해하기 어려운 단어에 별표를 달아 단락 맨 아래에 그 뜻을 적어놓고 있다.

③ 내용 이해를 요구하는 질문에 답하며 읽는다.
설명 글일 경우 내용의 이해를 돕기 위해 날개 지면을 이용해서 질문을 던지고 있다. 이런 질문이 나올 때마다 그 질문에 답을 찾아가며 읽어야 한다.
④ 글의 내용을 요약해 이야기한다.
글을 다 읽은 후에는 글의 내용을 얼마나 기억하고 있는지 중요한 내용을 간추려 이야기해보도록 한다. 전체 내용을 한 번에 말하는 것이 어렵다면 몇 부분으로 나누어 이야기하는 것도 좋다. 이 과정에서 어떤 내용을 기억하고 있는지 어떤 부분을 놓쳤는지 알 수 있고 요약하며 말할 수 있는 실력도 높아진다.
⑤ 글의 내용을 어느 정도 이해했는지 확인한다.
소단원 읽기가 끝나면 그 단원의 목표를 달성했는지 확인하는 질문이 나온다. 이 부분은 제대로 공부했는지 점검할 수 있는 부분이기도 하다. 만일 모르는 부분이 있다면 다시 앞으로 돌아가 그 내용을 익히도록 한다. 초등학교 국어공부는 하루아침에 성적이 오르는 과목이 아니다. 평소 꾸준한 독서를 통해 어휘력과 문해력을 향상시켜야 한다. 국어공부의 궁극의 가치는 문해력과 자기표현임을 잊어서는 안된다.

[4] 질문의 크기가 삶의 크기를 결정합니다.

"엄마, 자장면이 먹고 싶어요." "그래? 그럼 먹으러 가자." 그렇게 말하는 것은 지난 과거의 교육과정입니다. 현, 교육과정은 이렇게 말해야 합니다.
"우리 대장이 자장면이 먹고 싶구나. 그런데 볶음밥도 있고 짬뽕도 있고 우동도 있는데 왜 자장면이 먹고 싶지?" 이 물음에 아이가 "그냥 먹고 싶어요." 라고 대답했다면 그것 또한 지난 과거 교육과정 스타일입니다. 이제 아이는 "왜?" 라는 엄마의 물음에 구체적으로 또박또박 '자장면이 먹고 싶은 이유'를 말해야 합니다. 그것이 현 교육과정에서 추구하는 가치입니다.
결국 공부의 핵심은 근원을 따져 밝히고 자신의 의견을 논리적으로 진술하는 데 있습니다. 그것이 바로 논술이며, 이 훈련은 어렸을 때부터 꾸준히 길러 주어야 합니다.
우리는 아이들에게 동화책을 읽힙니다. 책을 읽은 아이에게 엄마는 이렇게 묻습니다.
"재미있니?" 아이는 대답합니다. "네." 그걸로 끝입니다.
동화는 우리 아이들에게 꿈과 용기와 올바른 삶의 방식을 가르쳐 줍니다.
그것을 좀더 확실하게 깨우치게 하려면, "재미있니?" 라는 질문만으로는 곤란합니다.
"왜 그랬을까?" "만일에 그 때 주인공이 이렇게 했다면 결과는 어떻게 달라졌을까?"
"잠깐만, 그 방법밖에 없었을까?"
우리 아이들의 호기심을 자극하고 생각을 확장시킬 수 있는 질문을 던져 준 다음에 조리있는 답을 말할 수 있도록 유도해야 합니다. 그리고 그것을 글로 쓰면 '논술'이 되는 것입니다.
 단순히 읽는 것에서 그치는 것이 아니라 내용의 확실한 이해를 바탕으로 생각을 넓혀 갈 수 있도록 해야 합니다. 그래야 우리 아이들의 사고력과 탐구력이 무럭무럭 자랄 것입니다.
그것이 공부의 핵심입니다.

[5] 필사는 정독 중 정독입니다.

조선시대 세종대왕은 '사가독서(賜暇讀書)'라 하여 집현전 젊은 학자들에게 휴가를 주어 독서에 전념하게 하였으며, 같은 책을 100번 읽고 100번 필사하는 '백독백습 독서법'을 통해 스스로를 성장시키며 나라와 백성을 섬길 수 있었습니다.

① 필사는 글을 베껴 쓰는 것을 말합니다.

일일이 책을 보고 한 글자씩 옮겨 적는 것이지요.
왜 일부러 힘들게 글을 베껴 쓰냐고요? 한 글자씩 글을 옮겨 적는 과정은 단순히 빈 종이를 채우는 것 이상의 여러가지 장점이 있기 때문입니다.

② 필사는 글짓는 능력을 키워 줍니다.

필사는 글짓기 능력을 키우는데 가장 효과적인 방법입니다. 글을 잘 짓는 능력은 태어날 때부터 타고나는 것이 아닙니다. 아무리 유능한 작가라고 하더라도 태어날 때부터 글을 잘 짓는 것은 아닙니다. 그들은 우리가 모르는 수많은 시간동안 노력을 했습니다. 그 중 대표적인 것이 다른 사람들이 써놓은 좋은 책을 필사하는 것입니다.

③ 필사는 어휘능력을 키워 줍니다.

우리가 평소 쓰는 단어는 매우 제한적입니다. 적은 양의 단어로 일상생활에서 대화를 하고 살아가는 데에는 아무런 문제가 없습니다. 하지만 글을 쓸 때에는 다릅니다. 다양한 어휘를 활용해야 좋은 글을 완성시킬 수 있습니다. 어휘력 향상에 가장 통합적인 방법이 바로 필사를 하는 것입니다.

④ 필사는 사고력을 높여 줍니다.

'손은 제2의 두뇌' 라고 부를 만큼, 두뇌활동과 밀접한 연관을 맺고 있습니다. 즉 손을 이용한 다양한 활동은 두뇌활동에도 좋은 영향을 주는 것이죠. 공책에 글을 쓰는 동안 우리 뇌는 계속해서 생각을 합니다. 필사는 단순히 글을 옮겨 적는 것 같아 보이지만 고도의 사고활동이 이뤄지는 과정입니다. 문장을 통해서 작가의 생각을 이해하고 더 나아가 자신만의 생각을 형성해 가게 됩니다.

⑤ 필사는 집중력을 높여 줍니다.

필사는 무엇인가에 집중하지 못하고 정서가 불안한 아이들이 반드시 해야 하는 과정입니다. 어려서부터 필사를 즐겨하는 아이들은 차분한 성격으로 사려깊은 행동을 하게 합니다. 느긋하고 여유롭게 앉아서 필사를 하는 것만큼 아이들의 원만한 성격 형성에 도움이 되는 방법은 없습니다.

⑥ 어떤 책을 필사해야 할까요?

필사를 할 때 중요한 전제 조건이 있습니다. 그것은 바로 아무 책이나 필사의 대상으로 삼아서는 안 된다는 것입니다. 책의 종류는 매우 많습니다. 책 중에는 양서라 불리는 좋은 책이 있는가 하면 그렇지 않은 책도 많습니다. 가장 쉬운 선택은 오랫동안 검증받고 사람들에게 사랑받아온 고전을 선택하는 것입니다. 또 외국 작품보다는 우리나라 작품을 선택하는 것이 좋습니다. 아무리 좋은 외국 작품이라도 원서 그 자체를 읽고 이해하기는 어렵습니다. 대개는 번역된 책을 보게 되는데 외국 작품을 번역하다보면 원서 그 자체의 깊이를 느낄 수가 없습니다. 그래서 될 수 있으면 한국 작품을 선택하는 것이 도움이 됩니다.

[6] 서술의 4가지 기본양식

문장을 쓰기 시작할 때에는 어떤 의도, 곧 중심적 목적을 가진다. 이 목적은 단지 서술한다는 차원에서가 아니라, 전달이라는 차원에서 가지게 된다. 필자와 독자의 관계를 의식하고, 어떤 의도, 어떤 목적으로 쓴다는 것이 명백해야 한다.

문장의 의도, 또는 목적은 ① 논증 ② 설명 ③ 묘사 ④ 서사 등 4가지로 나뉜다. 이 4가지 서술의 기본양식은 시, 소설, 희곡, 일기, 감상문, 관찰문, 서간문, 식사문, 설명문, 논설문, 논문 등 서술에 두루 적용되는 기본 방법이다.

(1) 논증(論證, argument)

어떤 명제에 대하여 논거를 제시하는 서술활동이다.

독자의 생각, 태도, 관점, 감정 등을 변화시키고자 한다. 완전히 객관적으로, 또는 비개인적 방법으로 독자가 가지는 논리적 능력에 호소할 수도 있고, 또는 독자의 감정에 호소할 수도 있으나, 어느 경우이건 그 의도는 독자에게 어떤 변화를 일으키고자 하는 것이다. 어떤 주장, 판단, 의견을 제시하고 증명하여 독자를 설득시키려는 의도로 쓰는 것이 논증이다. (논문, 논설문)

(2) 설명(說明, exposition)

주제를 해설하거나 똑똑히 밝히는 서술활동이다.

독자에게 무엇인가를 알리고자 한다. 무엇을 설명하고, 어떤 사상을 독자에게 밝혀주고, 어떤 성격이나 상황을 분석하고, 어떤 말의 뜻을 풀이하며, 어떤 방향을 제시해 주는 것이다. 이러한 의도로 쓰는 것이 설명이다. (설명문)

(3) 묘사(描寫, description)

사물이 지닌 성질, 사물이 우리의 감각에 만들어 주는 인상이 무엇인가를 나타내 주는 서술활동이다.

자기가 보고 듣고 겪은 사물의 인상을 그대로 생생하게 독자로 하여금 상상적으로 체험하게 하고자 한다. 그 대상은 자연의 정경, 도시나 시골의 풍경, 사람의 얼굴 등 삼라만상이 해당된다. 이러한 대상들을 있는 그대로 객관적으로 그려내어 서술하는 것이 묘사이다.
(묘사는 글쓰기의 꽃이다. 글쓰기 능력은 묘사로 평가된다.)

(4) 서사(敍事, narration)

의미있는 행동의 시간적 과정을 서술하는 활동이다.

어떤 사건의 의미 있는 시간적 과정을 표현하고자 한다. 사건은 웅장하거나 평범한 것일 수도 있고, 스포츠 경기나 전쟁, 각종 선거나 들놀이인 경우도 있을 것이다. 어떤 사건이든, 필자는 시간 속의 한 연속과, 경우에 따라서는 한 사건이 다른 사건으로 어떻게 전개되는가 하는 이유를 제시하고자 하는 것이다. 이러한 의도로 서술하는 것이 서사이다.
(소설, 동화, 기행문, 일화, 전기, 실록, 비사, 신문기사)

[7] 반복은 천재를 만들고 신념은 기적을 만듭니다.

어떻게 하면 공부를 효과적으로 할 수 있을까요? 영어를 쉽고 빠르게 배울 순 없을까요?
"뇌가소성을 알면 가능합니다." 어떻게 하면 효과적으로 두뇌를 업그레이드 할 수 있을지
세 가지를 알려 드리겠습니다.
"조디 밀러"라는 3살 여자아이는 심한 발작을 겪었습니다. 병원에서 진료를 받아보니
〈라스무센 뇌염〉이라는 희귀병이었습니다. 왼쪽 뇌에는 심각한 마비가 찾아왔는데요. 알려진
모든 치료법에 실패하자, 의사들은 두뇌의 절반을 제거하는 반구절 제술을 시행했습니다.
시간이 지났습니다. 뇌절반을 없앤, 이 아이는 어떻게 되었을까요?
놀랍게도 몸 왼쪽에 약간의 마비가 있었지만 정상적으로 살아가고 있었습니다.
우리의 신체 부위별 뇌가 정해져 있고, 만약에 이것이 바뀔 수 없다면 불가능한 현상입니다.
인간의 뇌는 완성된 상태가 아닌 미숙한 상태로 태어납니다.
이후, 우리의 두뇌는 주어지는 자극들을 받아들이고 그 필요에 맞게 가장 적합한 형태로
발달합니다. 이것을 '뇌가소성'이라고 합니다.
컴퓨터나 스마트폰과 같은 하드웨어는 위치별로 역할이 정해져 있습니다. 그래서 특정 부위를
없애면 화면이 보이지 않거나 소리가 들리지 않거나 하는 장애가 발생할 것입니다.
하지만 우리의 뇌는 다릅니다. 일부 영역을 제거하여도 끊임없이 새로운 자극을 받아들이고
그에 맞게 뇌의 영역을 재편합니다.
"뇌는 어려운 과제와 목표에 맞게 항상 스스로를 조정한다. 환경의 요구에 맞춰 자원의 형상을
뜨고 필요한 자원이 없을 때는 직접 만든다." 하지만 이런 가소성은 나이를 먹을수록
떨어진다고 합니다. 그럼 어떻게 하면 가소성을 높여서 두뇌를 발달시킬 수 있을까요?
"정답은 바로 우리의 뇌가 그것을 중요하다고 여기게 만들면 됩니다." 중요하다고 여기는 자극이
생기면 우리의 몸은 그것을 수용하는 피질에 아세틸콜린이라는 물질을 분비합니다.
그러면 그 부위는 어린아이처럼 말랑한 가소성을 갖게 됩니다. 그 뜻인 즉, 새로운 정보를 쉽게
받아들인다는 뜻이죠. 그렇다면 어떻게 뇌가 자극을 중요하게 여기게 만들 수 있을까요?
이것을 잘 활용한다면 외국어를 배우는 데, 시험공부를 할 때, 우리의 신체능력을 발달시키는 데,
운동을 할 때, 그리고 자녀를 양육할 때 등 효과적으로 활용할 수 있습니다.
세 가지 구체적인 행동 방법을 알려드리겠습니다.

첫째, 지속적으로 노출하라
둘째, 생존환경을 만들어라
셋째, 호기심과 보상을 제공하라

첫째, 지속적으로 노출하라
일본에서 태어난 하야토와 미국에서 태어난 아기 윌리엄이 있다고 합시다. 태어난 직후 두
아이의 두뇌는 별다른 점이 없습니다. 하지만 두 아이가 듣는 언어가 다릅니다. 일본어와 영어의
발음 차이 중 가장 큰 것은 R과 L의 구분이 있다는 것입니다.

하야토는 R과 L에 대한 소리의구분이 필요없어 집니다. 시간이 지나, 이 아이는 두 소리를 구분하지 못하게 됩니다. 하지만 윌리암에게 이 두 소리의 구분은 중요한 모국어의 영역이기에 부분 능력이 점차 발달하게 됩니다. 이처럼 발달을 하고 싶은 영역에 대한 지속적인 자극은 뇌를 변화시킵니다.

둘째, 생존환경을 만들어라
즉각적으로 아세틸콜린을 분비해서 뇌에 각인시키는 방법이 있습니다. 그것은 바로 생존의 위협이 되는 경험입니다. 우리는 태어날 때, 불이 위험하다는 것을 모르고 태어납니다. 하지만 한 번이라도 불에 데일 뻔한 경험을 하면 그것은 즉각, 두뇌 깊숙이 자리잡게 됩니다. 뇌는 생존의 위험이 되는 것에 대해서는 특별히 가산점을 부여합니다.
외국에 수년간 체류를 했어도 언어가 늘지 않는 사람들이 있습니다. 한인들끼리만 친하게 지내고 취미 정도로 외국어를 경험한다면 우리의 두뇌는 새로운 이 언어에 대해서 마음을 열지 않을 겁니다. 하지만 외국에 조금 살았지만 금방 언어를 배우는 사람도 있습니다. 바로 외국인들을 상대로 가게에서 일을 하거나 즉각적인 대답이 필요한 환경에 있었던 사람들인데요. 우리의 뇌는 위기에 대해 가산점을 부여하므로 두뇌 가소성이 활성화 되게 됩니다.

셋째, 호기심과 보상을 제공하라
교육심리학자 라슬로프가는 천재는 '태어난 것이 아니라 만들어지는 것이다'라는 신념을 가진 사람이었습니다. 그녀는 세 딸에게 이 신념을 토대로 체스교육을 하였습니다.
먼저 아이들에게 비밀의 방에서 무언가를 하는 것처럼 하여서 체스에 대한 호기심을 불러일으켰습니다. 그리고 점차 자라면서 체스 성적에 따라서 포옹과 시선과 관심을 제공하였습니다. 아이들은 어떻게 되었을까요?
자연스럽게 색다른 체스에 대한 뇌의 회로가 발달할 수 밖에 없었습니다. 세 딸은 모두 어린 나이에 체스 그랜드마스터가 되었습니다. 호기심은 사람을 관심 끌게 하고 뇌의 재편을 활성화합니다. 탈무드, 공자, 소크라테스의 교육법은 모두 질문을 제시하며 시작합니다. 이것은 우연이 아닙니다. 다음으로 보상입니다. 우리에게 적절한 보상이 주어질 때에 뇌에서는 도파민이 분비됩니다. 이것은 자연스럽게 생존의 환경으로 이어지게 되고 더 많은 도파민 분비를 받기 위해서 뇌는 그 방향으로 노력을 하게 됩니다. 보상은 간식과 돈과 같은 물질일 필요는 없습니다. 친구들의 칭찬과 인정, 부모님의 따뜻한 시선도 뇌를 바꾸는 충분한 보상이 될 수 있습니다. 지금까지 뇌가소성과 이것을 이용해 우리의 두뇌를 발달시키는 법에 대해서 알아보았습니다. 뇌가소성이야기는 성장이 없이 정체돼 있다고 느낀 사람들에게는 절망감을 줍니다. 하지만 반대로 앞으로 좋은 자극을 주면 달라질 수 있다는 희망을 주기도 합니다. 뇌는 자신에게 대접하는 만큼 보답을 합니다. 【프롤로그 끝】

나의 첫 질문

국어공부
어떻게 해야 할까요?

제8권 : 어린이 문장강화 **편지글** 편

주식회사 자유지성사

이 책을 내면서

　어린이들은 참으로 많은 것을 보고 겪으며 자랍니다. 예쁜 꽃, 귀여운 동물, 싱그러운 바람, 맑은 햇살, 그리고 부모님과 가족들의 따뜻한 사랑, 아름다운 이야기…….

　친구들과의 놀이, 장난감, 그림 그리기, 책 읽기, 어린이들에게 필요한 것은 참으로 많습니다.

　그 중에서도 충분한 영양분은 어린이들의 몸을 자라게 해 주고 좋은 글 한 편은 정신을 살찌게 해 줍니다. 거기에 좋은 글을 쓸 수 있

는 기회가 보태진다면 더더욱 몸과 마음이 튼튼한 어린이로 자랄 것입니다.

　일기를 쓰면서 하루를 반성하고, 동시와 동화를 쓰면서 많은 상상의 세계를 펼치고, 생활문을 쓰면서 사랑을 배우고, 논설문·설명문·독후감을 쓰면서는 논리적이고 체계적인 사고력을 키우게 됩니다.

　좋은 생각이 담긴 글을 많이 읽고, 좋은 생각을 많이 해 보며, 좋은 생각을 글로 표현해 보는 것, 어린이들에게 그것만큼 소중한 것은 다시 없을 것입니다.

2025년 5월
지은이

차 례

나의 천 질문 국어공부 어떻게 해야 할까요?

제8권 : 어린이 문장강화 **편지글** 편

1. 편지란 무엇일까요? • 9

2. 편지는 왜 쓸까요? • 39

3. 편지는 어떻게 쓸까요? • 47

4. 여러 종류의 편지 • 75
   문안 편지 / 축하 편지 / 위문 편지
   사과 편지 / 소개 편지 / 교제 편지

5. 봉투 쓰기 • 123

1 편지란 무엇일까요?

편지란 멀리 떨어져 있는 사람에게 안부나 용건을 알릴 때 주고 받는 글입니다. 그래서 편지는 쓰는 사람과 받는 사람의 마음을 이어 주는 중요한 구실을 하지요.

또한 편지는 무엇보다 읽을 사람이 정해져 있다는 점에서 다른 글들과 차이가 납니다. 읽는 사람이 정해져 있다는 것은 편지만의 특징이라고 할 수 있죠.

편지를 한 번도 써 본 적이 없거나 받아 본 적이 없는 사람은 아마 없을 것입니다. 엄마가 보낸 편지, 선생님이 보낸 편지, 또는 부모님이나 선생님께 보낸 편지, 멀리 떠난 친구나 친척에게 보낸 편지…….

방학 동안에 친구에게 편지를 쓰다 보면 친구가 더 보고 싶어집니다. 그리고 편지를 보내 놓고 답장이 오기를 기다리면서 더 많은 우정을 쌓아 가는 것이지요. 그러다 답장을 받으면 몹시 즐겁고 기뻐서 몇 번이고 되풀이해서 읽게 됩니다.

다음 편지는 정원이가 민호에게 보낸 편지입니다. 이 편지를 읽어 보면서 편지의 중요성과 의미를 생각해 보세요.

예문

보고 싶은 민호에게

민호야 안녕! 나 정원이야.

네가 전학간 지가 벌써 일주일이 넘었어.

네가 전학간 날 기억하니? 나는 너무도 기뻐서 속으로 얼마나 웃었는지 몰라. 지금 생각하면 정말 미안하지만 말야.

네가 전학을 가면 내가 굉장히 편할 줄 알았거든. 욕도 안 듣고, 지각도 안 하고, 공부 시간에 너 때문에 선생님께 야단도 안 맞을 줄 알았어.

네가 떠들어서 우리 분단이 단체 기합 받을 때는 정말 화가 나서 견딜 수가 없었거든.

그런데 네가 떠나고 나니까 내가 잘못 생각하고 있었다는 것을 알았어. 네가 떠나면서 주고 간 편지 때문이야.

'그 동안 미안했어. 너랑 친해지고 싶어서 말썽만 피웠어.'

그렇게 씌어진 편지를 보고 많이 후회했단다. 좀 더 너한테 잘 해 줄 걸, 하고 말이야.

네가 떠나고 난 뒤에 새로운 짝이 생겼어. 다른 학교에서 전학 온 애야. 나는 너를 생각해서 그 애한테 잘 하려고 노력하고 있어. 지우개도 빌려 주고 먹을 것이 있으면 나눠 주기도 하고…….

이렇게 편지를 쓰니까 마음이 편안해. 정말 미안해서 편지를 쓸 용기도 낼 수 없었거든.

민호야, 그 학교에서는 너무 말썽 피우지 마. 친하고 싶

> 은 아이가 있으면 나중에 헤어질 때 말하지 말고 지금 친구 하자고 말해 봐. 그러면 아마 그 애랑 좋은 친구가 될 수 있을 거야.
>
> 공부 열심히 하고, 방학 때가 되면 만나기로 하자.
>
> 항상 건강하고 공부 열심히 해. 안녕.
>
> 1999년 3월 23일
> 정원이가

어때요? 정원이에 대한 민호의 우정이 느껴지지 않나요?

편지는 이렇게 보내는 사람, 읽는 사람을 훨씬 가깝게 엮어 준답니다.

요즈음은 편지를 쓰는 횟수가 많이 줄었습니다. 전화나 컴퓨터 통신이 많이 발달하여 일부러 편지를 쓰고 우표를 붙여 보내는 일이 드물어졌지요.

하지만 옛날에는 멀리 있는 사람과의 유일한 통신 수단은 편지밖에 없었습니다. 전쟁터에서, 아니면 외국에서, 또는 객지에서 편지를 주고 받는 것은 가장 중요한 일이기도 했습니다. 편지를 통해 무사하다는 것을 알 수 있었고, 얼마나 보고 싶어하는지도 짐작할 수가 있었던 것이지요.

그만큼 편지는 오래 전부터 우리 생활과 아주 깊은 관계가 있었습니다. 그런데 막상 편지를 쓰려고 하면 무슨 말을 써야 할지 망설이게 됩니다. 요즘처럼 통신이 많이 발달한 상황에서는 그만큼 편지 쓰는 횟수가 많지 않기 때문에 더욱 그럴 것입니다.

편지를 쓰겠다고 생각을 했어도 어떤 순서를 밟아야 할지, 당황해지고 고민스러운 것이지요.

하지만 편지는 결코 어려운 글이 아닙니다. 편지의 성격이나 짜임을 제대로 공부한다면 얼마든지 쉽고 편하게 쓸 수 있게 됩니다.

편지의 역할은 크게 두 가지로 나눌 수 있습니다.

첫째는 꼭 알아야 할 소식을 전해 주는 것이고, 둘째는 정을 전해 주는 것입니다.

첫째, 우선 소식을 전해 주는 역할은 어떤 행사를 알리거나 주문을 하거나 부탁을 전할 경우에 중시됩니다.

다음 예문을 보세요.

예 문

25회 졸업생 여러분께

이번 23일날 25회 졸업생들끼리 모여 하루를 즐겁게 보낼까 합니다.

바쁘시더라도 모두 참석하셔서 자리를 빛내 주시기 바랍니다.

장　　소: 학교 강당

시　　간: 오전 10시

둘째, 편지는 정을 전해 주는 역할을 합니다.

편지는 여러 사람이 돌려 가며 읽기도 하지만, 거의 한 사람을 위해 씌어지는 경우가 많습니다. 그렇기 때문에 편지를 주고받다 보면 서로를 이해하고 정을 쌓을 수 있습니다.

현실이 너무 바쁘기 때문에 많은 사람들은 편지와 동떨어진 생활을 합니다. 예전처럼 한가롭게 서로의 이야기를 주고받으며 정을 나눌 시간이 그만큼 줄어든 것이지요.

사람은 마음이 통해야 서로를 사랑하게 되고 편하게 대할 수 있습니다.

바쁠수록 정을 통할 수 있는 편지를 주고받는다면 훨씬 편안한 인간 관계가 이루어질 것입니다. 다음 편지처럼요.

예문

할머니께

할머니, 그 동안 안녕하셨어요? 저 할머니 손녀딸 은선이에요.

개나리 핀 따뜻한 봄날이 왔어요. 할머니가 계시는 그 곳에도 봄이 왔지요? 눈을 감으면 한가하게 들판을 가득 채우고 있는 나무와 풀들이 눈앞에 그려집니다.

할머니는 몸 건강히 잘 계시죠? 저희도 할머니 덕분에 잘 있답니다.

할머니, 저는 할머니와 염소를 치며 지냈던 일이 지금도 잊혀지지 않아요. 금방이라도 매에앰, 하는 염소 울음 소리가 들리는 것 같아요. 조금 있으면 풀이 아주 많이 자랄 것이고, 그러면 할머니는 다시 염소 떼를 몰고 들판으로 나가시겠지요? 생각 같아서는 당장 달려가 할머니를 도와 드리고 싶은데…….

여름 방학이 되면 얼른 달려가 도와 드리도록 하겠습니다.

할머니, 저번에 호박을 잔뜩 보내 주셨지요? 엄마는 그걸로 떡도 만들고 죽도 쑤어서 동네 사람들에게 맛을 보였어요.

"정말 맛있다."

"무슨 호박이 이렇게 달아?"

잡수신 분들이 모두 이렇게 한 마디씩 했어요. 그럴 때마다 저는 어깨가 으쓱했답니다.

할머니, 제가 제일로 좋아하는 뽀비는 잘 있어요? 뽀비를 본 지가 벌써 6개월이 넘었어요. 뽀비가 너무 보고 싶어요. 많이 컸지요?

하지만 할머니, 제가 뽀비보다 할머니를 훨씬 많이 보고

싶어 한다는 거, 아시죠? 할머니 곁에 누워서 들었던 옛날 이야기는 너무도 재미있었어요. 다음에 가면 꼭 다시 들려 주셔야 해요.

할머니, 저는 할머니의 방긋 웃는 얼굴이 세상에서 가장 아름답다고 생각해요. 할머니 목소리는 듣기만 해도 기운이 나구요.

그런 할머니 곁에서 살았으면 좋겠다는 생각을 많이 한답니다. 공기 맑고 경치도 좋고, 그리고 누구보다 저를 사랑해 주시는 할머니 곁에서 산다면 정말 행복할 것만 같아요. 할머니도 그렇게 생각하시죠?

할머니, 제가 놀러 갈 때까지 보고 싶어도 참으셔야 해요. 저도 꾹 참겠어요.

할머니, 부탁인데요, 정말 정말 건강하게 오래오래 사셔야 해요.

그럼 안녕히 계세요.

1998년 4월 23일

손녀 은선 올림

예문

아빠 그 동안 안녕하셨어요? 그 곳 날씨는 어때요? 여기는 따뜻한 봄날이라서 아주 좋거든요. 다리 아프시다고 저번 편지에 씌어 있어서 굉장히 걱정했는데 지금은 어떠세요?

저는 아빠가 보고 싶다는 것만 뺀다면 잘 지내고 있습니다. 물론 엄마도 건강하시구요.

엊그제 엄마 허리가 좀 아팠어요. 세탁기 빨래가 마음에 안 든다면서 손으로 이불을 빠시더니 무리가 되었던가 봅니다. 지금은 조금 나아지셨어요.

사실은 엄마가 아빠한테 허리 아팠다는 말 하지 말라고 당부하셨지만 그냥 쓰기로 했어요. 이제는 다 나으신 편이니까요. 사실 엄마 허리 아프다고 하실 때 굉장히 걱정 많이 했었어요. 그 때 정말 아빠 생각이 간절하더군요. 이럴 때 아빠가 계신다면 어떻게 했을까를 먼저 생각하니까 조금 안심이 됐어요. 우선 뜨거운 수건을 허리에 대어 드리고, 무거운 것은 절대 못 들게 하면서 감시를 했습니다. 아빠도 그렇게 하셨을 것 같아서요.

　아빠가 교환 교수로 미국에 가신 지 벌써 6개월이 지났어요. 처음에는 아빠가 미국 대학에 가셔서 학문을 쌓는다는 사실이 너무 좋고 우쭐해지는 기분까지 들었지만 지금은 아니에요. 다른 애들이 아빠와 자전거를 타거나 테니스 치는

모습을 보면 괜히 시무룩해진답니다. 어쩔 수 없이 저는 아직 철부지인가 봅니다.

엄마는 아빠가 고모 댁에 계시니까 조금은 마음이 놓이지만 그래도 식사 걱정, 잠자리 걱정, 여러 가지가 걱정이신가 봅니다.

"아빠가 김치 찌개를 좋아하시는데……."

어제도 식탁에 앉으시면서 그런 말씀을 하시더군요. 우리 앞에는 보글보글 끓는 찌개가 놓여 있었거든요. 엄마의 그런 말씀을 듣고 나니까 더 아빠가 그리웠어요. 눈물이 날 것 같아서 간신히 참았습니다.

하지만 일 년만 더 있으면 돌아오시니까 그 동안 아빠의 몫까지 열심히 가장 노릇을 하겠습니다.

아빠가 기르시던 열대어들은 잘 자라고 있습니다. 오실 때까지 한 마리도 죽이지 않으려고 하루도 빠짐없이 살펴보고는 한답니다. 그랬더니 이 녀석들이 아침이면 저를 보고 지느러미를 흔들며 살랑살랑 춤을 추는 것 같아요. 아빠도 옛날에 그런 말씀을 하셨잖아요.

"이 녀석들이 내가 엄마인 줄 아나 봐. 나만 다가가면 지느러미를 흔들어."

저는 그때 에이, 하고 웃었는데 정말이었어요.

어디 그뿐인 줄 아세요? 거북이 소식도 궁금하시죠? 녀석들은 이제 꽤 자랐어요. 어느 때는 어항 위로 올라오려고 기를 쓸 때도 있답니다. 그 녀석들도 제가 엄마로 보이나 봅니다. 아침에 제 발짝 소리만 들려도 눈동자를 뒤룩거리며 유리 쪽으로 기어오거든요. 그래서 살아 있는 생명이 아름다운 것이구나, 그런 생각까지 했습니다.

많이 의젓해졌다구요?

헤헤, 그런 척하는 것뿐이에요. 어제도 철없이 말썽을 부렸다가 선생님께 단체 기합을 받은걸요.

그런데 아빠, 조금 억울하기는 해요. 애들은 저 때문에 단체 기합 받았다고 씩씩거리지만 원인 제공은 제가 한 게 아니거든요.

어떻게 된 일이냐면요, 우리 반의 형석이라는 애가 새로 전학 온 여자애를 자꾸 괴롭히는 거예요. 형석이라는 애가 누군지 아시죠? 제가 가끔 편지에 쓰잖아요. 우리 반 말썽꾸러기라고.

1. 편지란 무엇일까요? · 23

어제도 그 애는 전학 온 여자애를 따라다니며 "홍당무, 홍당무!" 하면서 놀리는 거예요. 그 여자애는 홍진영인데, 성 때문에 홍당무라는 별명이 붙은 거지요.

그 여자애는 굉장히 수줍음이 많아요. 선생님이 수업 시간에 교과서를 읽으라고 하면 얼굴부터 빨개져서 더듬거리며 책을 읽을 정도거든요. 하지만 마음씨는 착한 애 같았어요. 저번에 제가 만들기 준비를 안 해 갔는데 "이거 써" 하면서 가위하고 색종이를 건네 주는 것이었어요.

어쩌면 형석이가 홍당무라고 놀리는 것이 싫었던 것도 그 애한테 도움을 받았다는 사실 때문이었을 거예요.

아무튼 저는 참다 못해 형석이한테 점잖게 말했죠.

"야, 그만 놀려라. 저 애는 아직 적응도 못하고 있는데 우리가 도와 줘야 하잖아."

그랬더니 형석이 녀석이 대뜸 저한테 이러는 거예요.

"너, 홍당무 좋아하지?"

얼마나 얼굴이 뜨거웠는지 아세요? 저는 빨개진 얼굴을 그 녀석이 보게 될까 봐 버럭 화부터 냈어요.

"야, 네가 좋아하나 보다. 왜 엉뚱한 소리를 해!"

그렇게 해서 말씨름이 벌어졌고 나중에는 서로 밀치며 싸우게 되었어요. 많이 싸웠냐구요? 아니에요. 약간 언성을 높여 가며 서로 무섭게 노려보는 것 정도였지요.

그런데 어떤 애가 선생님께 고자질을 한 거예요.

"선생님, 민우하고 형석이가 싸워요!"

하고 말예요. 선생님 기분이 굉장히 안 좋으셨나 봐요. 대뜸 막대기로 탁자를 세게 치면서 화를 내셨어요.

"너희들 모두 운동장으로 나가. 운동장 한 바퀴 토끼뜀하고 들어와."

난리가 났지요. 애들은 모두 도깨비 얼굴을 하며 저희를 쳐다보고, 억울하다며 투덜거리고.

선생님이 왜 화를 내셨는지 저는 알고 있었어요. 실은 아침 조회 시간에 고자질하는 버릇을 버리라는 말씀을 하셨거든요. 어떤 일이든 혼자 힘으로 해결하라고 하셨어요. 고자

질은 나쁜 행동이라고 하시면서요. 그런데 우리가 싸운 것도 화가 나신데 고자질까지 했으니…….

그런데 토끼뜀을 하면서도 왜 자꾸만 그 여자 애를 쳐다보았는지 모르겠어요. 어쩌다 그 애와 얼굴이 마주치면 굉장히 잘못한 것처럼 당황하구요.

혹시 제가 정말로 그 애를 좋아하는 것은 아닐까요?

아빠가 엄마를 좋아하실 때도 그랬나요? 엄마 말씀에는 아빠보다 엄마가 아빠를 더 좋아했다고 하시던데 정말인가요?

그리고 신기한 사실이 한 가지 생겼어요. 제 턱과 코 밑으로 수염이 조금씩 자라는 것 같아요. 엄마는 비누 세수를 안 해서 까맣다고 하시지만 제가 보기에는 아니에요. 분명히 수염이 나고 있는 거예요. 어제는 엄마 몰래 아빠가 쓰시던 면도기로 면도를 해 보았어요. 비누로 거품을 내어 잔뜩 얼굴에 바르고 쓱쓱 아빠처럼 면도를 해 보았지요.

이렇게 어른이 되는구나, 그런 생각이 드니까 또 괜히 부끄러워지더군요.

아빠, 될 수 있으면 제가 겪은 이야기, 들은 이야기를 많

이 적어서 보내 드리고 싶어요. 그러면 아빠와 훨씬 더 가까운 친구가 될 것 같거든요. 그런데 욕심처럼 되질 않아요. 항상 밤에 편지를 쓰니까 쓰다 보면 팔도 아프고 졸립기도 하거든요.

하지만 제 마음을 아빠는 벌써 다 알고 계실 거예요. 제가 아빠를 얼마나 사랑하는지 말예요.

항상 "엄마 힘들게 하지 마라" 그러셨죠? 어려서는 그런 말씀만 하시는 아빠가 미웠어요. 엄마한테 응석도 부리고 싶고 투정도 부리고 싶은데 아빠 때문에 못한다고 생각했거든요.

그렇지만 이제는 아빠가 왜 그런 말씀을 하셨는지 알고 있어요. 아빠는 늘 건강이 나쁜 엄마를 걱정하셨던 것이지요.

아빠, 염려하지 마세요. 이제는 아빠만큼 엄마를 편하게 해 드릴 자신이 생겼으니까요.

참, 저번에 보내 주신 영어 동화책은 거의 다 읽어 가고 있어요. 모르는 단어가 많지만 더듬거리며 제법 읽을 정도입니다. 다 읽고 나면 다른 동화책 보내 달라고 부탁드리겠습니다.

  아빠, 항상 건강하셔야 해요. 멀리 떨어져 있어서 보고 싶은 것을 참는 일도 힘든데 만약에 건강까지 나쁘시다는 소식을 듣게 되면 못 견딜 거예요.

  그럼 이만 줄이겠습니다.

개나리 피는 봄날에
서울에서 아들 민우 드림

어린이 여러분은 흔히 멀리 있는 사람, 그래서 보기 힘든 사람에게만 편지를 쓸 수 있다고 생각하는데 절대 그렇진 않습니다. 날마다 얼굴을 마주 대하고 있는 가족이나 친구들과도 얼마든지 편지를 주고 받을 수가 있는 것이지요.

예 문

> 엄마를 얼마나 힘들게 했는지 알고 있어요. 항상 효도하는 딸이 되어야지 생각하면서도 막상 엄마 얼굴을 보면 안 돼요. 아마 엄마만 보면 투정을 부리고 싶은가 봐요.

이런 고민은 대부분의 어린이들이 한 번쯤은 하게 되는 고민입니다. 하지만 용기를 내서 한 번이라도 여러분의 마음을 담은 편지를 보내 준다면 엄마는 몹시 흐뭇해 하실 것입니다. 그리고 딸을 훨씬 더 이해할 수 있는 마음이 준비될 것입니다.

또한,

> **예문**
>
> 네가 힘든 줄은 안다. 학교에서 학원으로 달팽이처럼 오고 가는 생활을 엄마도 경험해 봤기 때문에 잘 알 수 있지. 하지만 힘들더라도 참고 견디는 네 모습이 너무도 대견스럽기만 하다.

라는 답장을 엄마에게서 받았다면 여러분은 훨씬 든든한 마음을 가질 수 있을 것입니다.

생활이 바빠지고 대화가 줄어들수록 편지는 더욱더 필요한 것입니다. 편지는 마음과 마음을 이어 주는 사랑의 끈이기 때문이지요.

다음 예문을 읽어 보세요.

예문

사랑하는 아버지께

아버지, 안녕하세요? 하나밖에 없는 아들 호정이입니다.

요즘 꽃샘 추위가 극성을 부리며 날씨가 매우 차고 바람도 제법 불고 있습니다.

그래서인지 아버지께서는 줄곧 방에만 누워 계시며 몸살에 시달리고 계십니다. 예전 같으면 눈이 오나 비가 오나 언제나 변함없이 밭에 나가 잔일이라도 하셨는데, 많이 힘드신가요?

얼마 전에 주무시는 걸 본 적이 있는데 아랫배가 많이 나오셨더군요. 아버지 똥배를 보니 이제 나이가 많이 드셨다는 걸 새삼 느낄 수 있었습니다.

"왜 이렇게 감기가 안 떨어지지?"

"호정아, 다리 좀 주물러라."

그런 말씀을 하실 때마다 이상하게 마음이 아픕니다. 예전의 청년 같던 아버지 모습이 자꾸만 눈앞에서 어른거리기도 하구요.

큰아버지처럼 어디 한 군데 심하게 아프신 것은 아닌가, 걱정도 됩니다.

며칠 전이었죠.

"저는 아버지 똥배 나오는 것이 싫어요."

다리를 주물러 드리면서 그렇게 말씀드렸더니 아버지께서는 이렇게 대답하셨어요.

"봄이 되면 다 들어갈 거야. 땅이 다 빼앗아 갈 테니까."

그 말씀을 하시면서 즐거워하시는 표정이 정말 제 마음을 아프게 했습니다. 아버지께서는 다시 일을 시작하니까 즐거우실 수 있지만 저는 자식된 입장으로 고생하시는 모습이 너무 마음 아프거든요.

그렇습니다. 이제 봄이 되면 아버지께서는 새로운 일을 찾아 나가실 것이고 앞으로 수개월 동안은 매일 땀범벅이 되어 돌아오실 테지요. 고생스러워하시는 모습이 마음 아프기도 하지만 저는 그렇게 의욕적으로 일하시는 아버지 모습을 빨리 보고 싶기도 합니다.

나이 들면 다 그렇다고들 하지만 아버지는 똥배가 어울리지 않으십니다.

수십 년 간 땅에서 사셔서 그럴까요? 아버지의 황토색 피부를 보면 항상 땅을 떠올리게 됩니다.

콩이 자라는 모습을 보고 즐거워하시는 모습, 호박이 매달렸다며 마치 큰 보물이라도 발견한 것처럼 즐거워하시는 모습, 뱀한테 물릴까봐 장화를 신고 큰 걸음으로 밭을 건너가는 모습, 생각만 해도 반가운 모습들이랍니다.

그런 모습을 볼 때면 저까지 덩달아 신이 나고 공부도 더 잘 됩니다. 그래서 아마 제가 아버지께서 하시는 행동대로 따라 하나 봅니다.

가끔 가다가 제가 엉겨붙고 장난을 쳐도 항상 받아 주시는 친구 같은 아버지. 저는 그런 아버지를 정말로 사랑하고

본받고 싶습니다.

요즘 아버지는 주식 하락으로 걱정이 많으십니다.

어떻게 하면 있는 돈을 한 푼이라도 축내지 않고 효율적으로 이용할 수 있을까를 궁리하시는 모습을 보면 공연히 저까지 조바심이 납니다.

일을 하지 못하니까 혹시라도 가족들을 고생시키지 않을까, 걱정스러워하시는 아버지. 제가 어떻게 아버지를 존경하지 않겠습니까.

저는 평범하면서도 나름대로의 개성이 있으신 아버지가 자랑스럽습니다.

아버지께서는 우리 가정의 정신적 지주이십니다.

어머니께서도 저와 같은 생각이실 것입니다.

아버지 곁에는 항상 아버지를 사랑하는 저와 어머니가 있으니까 언제나 용기를 잃지 마시고 건강하세요. 안녕히 계세요.

1998년 2월 8일

아들 호정 올림

이제 편지의 특색을 간추려 보겠습니다. 편지의 특색은 다음과 같습니다.

첫째, 쓰는 목적이 뚜렷합니다.
둘째, 정해진 형식이 있습니다.
셋째, 보내는 사람과 받는 사람이 분명합니다.
넷째, 편지의 종류와 받는 사람에 따라 표현 방법이 달라집니다.

2 편지는 왜 쓸까요?

편지는 단순히 소식을 전하기 위해서 쓰는 것만은 아닙니다. 편지는 소식을 전하는 것 외에 눈에 보이지 않는 아주 커다란 것을 전달해 줍니다.

"여보세요, 여기는 서울인데요. 잘 지내시죠?"

이런 식으로 전화로 안부를 물으면 간단하고 간편해서 좋기는 하지만 편지만큼 깊은 마음을 전달하기는 어렵습니다.

> 그 동안 잘 있었니? 요즘도 나는 매일 네 꿈을 꾼단다.

이런 식으로 차분하게 씌어진 편지 한 통은 받는 사람에게 더 큰 감동을 주게 될 것입니다. 다음 편지처럼요.

예문

수미에게

안녕? 그 동안 잘 있었니? 요즘도 나는 매일 네 꿈을 꾼단다.

네가 미국으로 떠난 것이 엊그제 같은데 벌써 한 달이 지났다는 것이 믿어지질 않아.

미국 친구들 많이 사귀었니? 친구들을 사귀느라 혹시 나를 잊어버린 것은 아니겠지?

후훗.

그런데 가끔은 나도 너를 잊어버릴 때가 있어. 정말 바쁘거든. 아침부터 저녁까지 정신없이 지내다 보면 네가 내 옆에서 떠났다는 것도 잊어버릴 때가 있어. 6학년이 되니까

정말 너무 바쁘단다.

이번에 실은 전교 회장에 출마했었거든. 후보가 세 명이 있었는데, 모두 열심히 연설을 했어. 학교를 위해 무엇을 하고, 어떻게 일 년을 끌어가겠다고 계획서도 완벽하게 제출하고, 정말 바쁜 나날이었단다.

어떻게 되었냐고? 서운하게도 나는 미끄러졌어. 표 차이가 많이 났거든.

그런데 생각해 보니까 나보다 다른 친구가 회장에 선출된 것이 잘 된 일인 것 같애. 그 애는 정말 학교를 위해서 좋은 일을 많이 할 수 있을 것 같거든.

아마 네가 이민을 가지 않았다면 회장으로 출마했을 것 같다는 생각도 했단다. 만약 그렇다면 나는 당연히 너를 밀었겠지. (……)

편지는 이렇듯 사람과 사람 사이를 부드럽게 해 주고 가깝게 해 줍니다.

인간은 감정의 동물입니다. 그리고 누구나 정을 나누면서 살기를 원합니다. 하지만 사회가 발달할수록 정을 나누는 기회가 적어집니다. 의례적으로 안부를 하거나 인사를 건네는 때가 점점 많아지지요.

편지는 정을 나눌 수 있게만 하는 것이 아니라 우리 생활에 필요한 희망과 즐거움도 동시에 안겨 줍니다.

다음 편지가 그런 경우입니다.

> **예문**
>
> **아빠께**
>
> 아빠, 아직도 날씨가 추워요.
>
> 오늘 아침에는 눈이 내렸어요. 오후에는 비까지 내렸지요.
>
> 아이들은 눈이 오면 즐거워하지만 비가 오면 싫어해요. 나가서 놀 수가 없거든요.

그렇지만 아빠는 눈보다 비가 더 좋지요. 그래야 길이 안 미끄럽잖아요. 택시 운전을 하면서 길이 미끄러우면 정말 위험하잖아요. 그래서 눈이 오면 조금 싫지만 그래도 기분은 좋아요. 친구들이랑 신나게 눈싸움도 하고 눈사람도 만들고, 미끄럼도 타면서 놀 수 있거든요.

아빠는 일이 끝나고 돌아오실 때 과자를 사오시잖아요. 우리가 말을 잘 들으면 더 많이 사오세요.

그런데요, 아빠, 앞으로는 과자 사오지 마세요. 돈도 버리고 저희들 이빨도 나빠지잖아요. 아빠가 우리를 위해 사오시니까 즐겁게 먹기는 하지만 선생님이 과자 많이 먹지 말라고 하셨거든요.

그런데 아빠, 죄송하다는 말씀을 드릴 일이 있어요. 얼마 전에 저한테 신발, 샤프, 사인펜, 연필을 사주셨잖아요. 크리스마스 선물로요. 그런데요, 제가 그걸 마구 써서 벌써 망가뜨렸어요. 신발도 벌써 더러워졌고 샤프도 고장이 났어요. 애들한테 자랑하느라 함부로 썼거든요.

죄송해요. 신발은 빨아서 깨끗이 신고, 샤프는 고쳐서 쓸게요. 다음부터는 물건 하나라도 꼭꼭 아껴 쓰도록 하겠습

니다. 나라가 너무 어려우니까요. 나라가 어려우니까 아빠도 힘들잖아요.

아빠, 요즘 왜 매일 늦게 오세요? 일 끝나고 친구들이랑 놀다 오시죠? 그러지 마시고 일찍 들어오세요. 그래서 우리들하고 놀아 주세요. 저는 수현이와 많이 놀지만 아빠와 노는 것이 더 좋아요.

아빠, 사랑해요. 그리고 언제나 건강하세요.

4월 19일
아버지의 아들 수영 올림

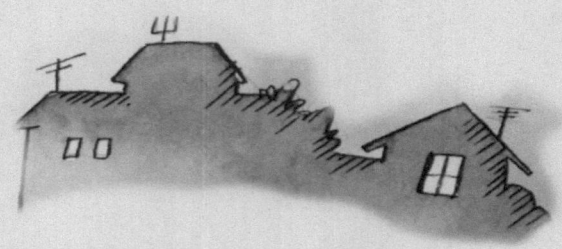

3 편지는 어떻게 쓸까요?

편지의 내용은 정해진 것이 없습니다. 보내는 사람과 받는 사람에 따라, 또는 목적과 시기에 따라 그 내용은 엄청나게 달라집니다.

하지만 편지의 형식에는 어느 정도 기본적인 틀이 있습니다. 어떤 내용의 편지라도 이 기본적인 틀에 맞추어 쓸 필요가 있습니다. 그럼 편지의 기본적인 형식을 살펴보겠습니다.

우선 편지는 받는 사람이나 보내는 사람에 따라 격식을

갖춰 예의 바르게 써야 합니다. 예의 바른 편지가 되기 위해서는 다음 사항에 유의하여 쓰면 됩니다.

첫째, 서로 마주 앉아서 이야기를 나누는 것처럼 정답게 써야 합니다.
둘째, 전하려 하는 뜻과 목적은 분명하고 자세하게 씁니다.
셋째, 절대 버릇없는 말을 쓰거나 예의에 어긋나는 말을 써서는 안 됩니다.
넷째, 글씨는 정성을 들여 또박또박 씁니다.
다섯째, 봉투는 표준 규격 봉투를 사용합니다.
여섯째, 우표를 붙일 때에도 정해진 요금의 우표를 반드시 붙여야 합니다.

다음 편지를 한 번 감상해 보세요.

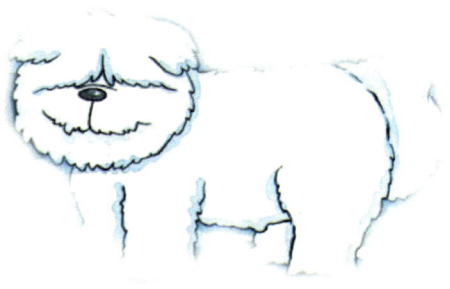

예 문

할머니께

할머니, 안녕하세요?

아마 할머니께서는 지금 머리에 따란 수건을 쓰고 밭에서 땀을 흘리며 일하고 계실 테죠? 그리고 제 편지를 받으시고는 빙그레 웃으실 거예요. 그렇죠? 지금 제 눈앞에는 할머니의 웃는 모습이 아른거려요.

우리 가족은 다른 때와 다름없이 잘 지내고 있어요. 엄마는 매일 가게 일로 바쁘시고 우리는 시험이 얼마 남지 않아서 열심히 공부중이죠.

진이 언니네 학교는 시험을 안 본다면서요? 그 말 듣고 정말 부러웠어요. 전 언제나 시험 없는 학교에 다닐 수 있을까요?

할머니, 요즘 날씨가 너무 변덕스러워요. 추웠다가 금방 더워지고, 따뜻하다가 갑자기 바람 불고……. 너무 변덕을 부리는 친구를 보면 막 때려 주고 싶은데, 날씨만 생각하면 꼭 그런 기분이 들어요.

3. 편지는 어떻게 쓸까요? · 49

아차, 빼먹었다. 외삼촌이랑 외숙모요, 잘 지내고 계시죠? 혹시 외삼촌이나 외숙모가 이 편지를 읽게 되면 인사가 너무 늦어서 죄송하다고 전해 주세요.

원희 언니는 시집가는 날이 언제래요? 저 꼭 불러 줘야 한다고 전해 주세요.

참, 할머니, 기쁜 일이 있어요. 과학 실기 대회가 있었거든요. 거기서 제가 최우수로 뽑혔어요. 그래서 며칠 있다가 교육청 대회에 참가하게 되었답니다. 할머니, 그 때 큰 상 타서 할머니께 메달 걸어 드릴게요.

할머니, 그러면 다시 뵐 때까지 안녕히 계세요. 건강도 잊지 마시구요.

외삼촌과 외숙모께도 꼭 안부 전해 주세요.

3월 15일, 이른 아침에
손녀 유꽃님 올림

편지는 또한 보통 '앞부분', '중간 부분', '끝부분'으로 나누어집니다. 또한 각 부분에 따라 들어가는 말에 차이가 있습니다. 편지 쓰는 데 자신이 없는 어린이라면 부분에 따라 들어가는 말에 유의하여 편지를 써 보세요. 그러면 곧 자신이 생길 거예요.

각 부분에 들어가는 말을 정리하여 보여 드리도록 하겠습니다.

1. 앞부분

앞부분에는 부르는 말, 계절 인사, 받는 사람 안부, 자기 안부 등이 들어갑니다.

부르는 말

우선 부르는 말은 편지의 맨 처음에 적는 글로, 편지 받는 사람을 가리켜 부르는 것입니다.

부르는 말은 보내는 사람과 받는 사람과의 관계에 따라

달라집니다.

어른일 때는 ~님께,

친구 사이나 가까운 윗사람에게는 ~에게,

아랫사람에게는 ~야 또는 이름을 적습니다.

상대에 따라 부르는 말의 예를 보여 드릴게요

웃어른인 경우
- 할아버지께
- 할머니께
- 고모님께
- 아버지께
- 형님께
- 선생님께

친구인 경우라면
- 민아에게
- 친구 순희에게
- 내 벗에게
- 작은형에게

아랫사람이라면
- 민호야
- 세희야 보렴

계절 인사

누군가를 불렀다면 이제 인사를 해야 합니다. 편지에서는 계절에 맞는 인사를 하는 것이 보통입니다.

우리 나라는 사계절이 뚜렷하기 때문에 날씨를 앞세워 인사를 하는 것이 아주 자연스럽습니다. 그러나 계절을 반드시 넣어야 할 이유는 없습니다.

곧바로 '그 동안 잘 있었니?' 하는 식으로 인사말을 건네도 됩니다.

하지만 계절에 대한 글을 쓰게 되면 읽는 사람이 훨씬 친근감을 느낄 수 있어서 좋습니다. 생략하고 본론으로 들어가면 내용 전달은 무리가 없겠지만 편지의 장점인 정 나누기가 부족하게 됩니다.

계절에 따른 인사를 여러 가지 예시해 보겠습니다.

봄

- 어느새 봄이 되었어요. 어제 우연히 학교 뒤쪽으로 가 봤는데 노란 개나리들이 수줍게 얼굴을 디밀기 시작했더군요. 그 옆의 목련도 화려하게 모습을 드러내기 시작했어요.

- 날씨가 많이 따뜻해졌어. 그래서인지 학교 앞에는 벌써 병아리 장수들이 많아졌다.

- 노란 개나리가 활짝 피어났습니다. 겨울이 아무리 봄을 못 오게 막아도 산과 들에는 벌써 초록 기운이 활짝 피어나 있답니다.

여름

- 요즘은 하루도 빠짐없이 비가 내려요. 지난 주일에는 한바탕 쏟아진 비에 우사가 무너지기까지 했습니다. 다행히 어린 송아지들을 무사히 대피시켜서 별 손해는 없었습니다.

- 푸르름의 계절입니다. 산과 들에는 온통 푸른 물이 가득합니다. 그것들을 손에 쥐고 짠다면 푸른 물이 뚝뚝 떨어질 것만 같습니다.

- 벌써 푸른 바다가 그리운 여름이다. 나무들은 철을 만나 하루가 다르게 자라나고, 해바라기들도 해를 보며 씨를 여물게 하느라 하루 해가 부족해.

가을

- 여기는 벌써 단풍이 들고 낙엽이 하나 둘 떨어지고 있단다. 산을 쳐다보면 울긋불긋한 단풍이 우리를 유혹하고 있는 것 같아.

- 고추잠자리가 빨갛게 하늘을 뒤덮고 있어요. 아직도 모기한테 물린 자국들이 선명하게 남아 있는데 아침 저녁으로는 긴 옷을 입지 않으면 춥다는 생각이 들게 합니다.

- 들판에 곡식이 누렇게 익었어요. 허수아비들이 아무리 바쁘게 팔을 흔들어도 참새들 극성은 말릴 수가 없습니다.

겨울

- 고드름, 고드름, 수정 고드름, 그런 노래가 저절로 나오는 겨울이 되었어. 아침에 눈을 뜨면 제일 먼저 밖을 내다본단다. 혹시 눈이 오지 않았을까 해서…….

- 어제는 눈이 세상을 하얗게 뒤덮었어요. 밖으로 나가 보니 굉장히 많은 아이들이 나와 놀고 있었어요. 다른 때는 한두 명 보기도 힘든데, 눈이 오니까 누가 마술을 부려 그렇게 많은 아이들을 토해 낸 것 같았습니다.

- 하루 종일 바람이 불고 진눈깨비가 쏟아졌습니다. 너무도 추워서 대문 밖도 나가지 않고 집 안에서만 놀았어요. 감기가 아주 심하게 들었거든요.

받는 사람 안부

인사를 했다면 이제 받는 사람의 안부를 묻는 것이 좋습니다.

처음에 사람을 만나면 자연스럽게 인사를 하는 것처럼 편지에서도 "외삼촌 안녕하세요?", "고모 안녕하세요?" 하는 식으로 인사를 해 주어야 합니다.

물론 받는 사람의 안부만 묻는 것이 아니라 그 주변의 친척이나 가족의 안부도 같이 묻는 것이 예의입니다.

받는 사람의 안부도 상대가 누구냐에 따라서 달라집니다.

웃어른일 경우에는 이런 표현이 좋습니다.

- 할아버지, 그 동안 안녕하셨어요?
- 선생님, 건강하시지요?

가까운 사람이라면 이렇게 물을 수 있습니다.

- 그 동안 몸 건강히 잘 있었어요?
- 그 동안 잘 지냈어?

아랫사람이라면 이런 안부 인사가 가능합니다.

💧 그 동안 몸 건강히 잘 있었니?
💧 잘 지냈니?

자기 안부

받는 사람의 안부를 묻고 난 다음에는 바로 자신의 안부를 적습니다. 자기의 안부를 굳이 써야 할 이유는 없지만 되도록이면 적어 주는 것이 좋습니다.

대신 상대방에 대한 안부 말보다 조금 짧게 쓰는 것이 예의입니다.

자기 자신의 안부만 적는 것이 아니라 가족이며 친척들의 안부도 같이 적어 주는 것이 좋습니다.

단, 편지를 받는 사람에 따라 자기 안부의 말도 달라집니다.

웃어른이라면 이런 표현이 좋습니다.

- 저는 염려 덕분에 잘 지내고 있습니다. 물론 부모님도 안녕하시고, 동생들도 편안하게 지냅니다.
- 저는 별 탈없이 몸 건강히 지냅니다. 친구들도 모두 건강하답니다.

가까운 사람에게라면 이런 인사를 할 수 있습니다.

- 네가 염려 많이 해 준 덕분에 아주 잘 있지. 우리 송아지들은 하루가 다르게 키가 자라는 것 같다.
- 형이 일러 준 대로 열심히 운동을 했더니 요즘은 밥맛이 너무 좋아. 나 때문에 아버지, 어머니까지 아침 운동을 하기 시작하셨어.

아랫사람에게 보내는 편지라면 이런 표현이 적합합니다.

- 여기는 모두 잘 있단다. 부모님도 안녕하시고, 할아버지께서도 건강하시다.
- 네가 떠난 것만 뺀다면 변함없이 건강하게 잘 지내고 있단다. 우리 동네 애들은 여전히 개구쟁이 짓을 하다가 어른들께 꾸중을 듣고는 하지. 네가 떠났어도 변한 것은 아무 것도 없어.

2. 중간 부분 : 하고 싶은 말

하고 싶은 말 부분은 편지에서 가장 중요한 대목입니다. 다른 글에서 본다면 본론에 해당되는 부분입니다. 이 부분을 말하기 위해 앞부분과 끝부분이 있는 것입니다.

이 부분에서는 편지를 쓰는 목적을 뚜렷하게 밝혀야 합니다. 내용이 너무 복잡하거나 예의에 어긋나는 말을 써서도 안 됩니다.

편지 전체에서 중간 부분을 제시해 보겠습니다.

예문

　　요즈음 아버지께서는 늘 밤늦게 들어오시죠. 피곤에 지쳐 들어오시는 아버지 모습을 보면 마음이 정말 아프답니다. 바쁘신 건 알지만 피곤하실까봐 정말 걱정도 돼요.

　　저번에 엘리베이터가 점검중일 때 계단으로 올라가야 했는데 우리 집이 15층이라서 눈앞이 캄캄했어요. 저 높은 데를 어떻게 올라가나 걱정하다가 좋은 생각을 하나 해 냈어요.

　　바로 아버지 생각이었지요. 저는 아버지와 재미있었던 일을 떠올렸어요. 에버랜드에 간 일이 제일 기억에 남아 있었기 때문에 그 일을 떠올리며 한 계단, 한 계단 올라가기 시작했지요.

　　아버지도 기억하시죠? 우린 차를 타고 달리면서도 기쁜 마음에 계속 떠들었지요. 마음이 들떠서 간밤에 잠도 못 잤는데, 조금도 피곤하지 않았답니다.

　　에버랜드에 도착해서 아빠의 힘이 얼마나 센지 비로소 알았어요. 계단에 내려갈 때 무거운 유모차를 번쩍 들어서 눈깜짝할 새에 내려 놓으셨잖아요.

와! 정말 놀랐어요. 놀이기구 탈 때에는 손을 흔들며 마치 오랜만에 만나는 것처럼 반갑게 웃어 주시고.

그 때 저는 아버지가 우리를 얼마나 사랑하는지 비로소 알게 되었답니다.

8살 때의 일도 기억에 남지요. 세원 아파트에 살 때였어요. 주민들을 위해 새어 나오는 가스를 막으셨잖아요. 그러시느라 동상에 걸리셨는데 그 일을 알고서 눈물이 나오려고 했었어요. 그러다 기어코 아버지께서 입원을 하신다니까 와앙, 하고 전 울음을 떠뜨렸어요. 얼마나 마음이 아팠는지 몰라요.

하지만 전 그 일 때문에 아버지가 얼마나 자상하신지 더욱 절실히 깨닫게 됐어요.

요즘 아침에 저를 학교에 태워다 주시느라 힘드시죠? 우리 가족을 아끼고 사랑하는 아버지가 점점 존경스럽습니다.

쉬는 날이면 놀이 동산에 데리고 가지 않는다고 떼를 쓰지만 사실은 아버지께서 힘이 드신 걸 알아요. 그런 걸 보면 제가 철이 덜 든 것 같아요.

아버지께서는 밤에 늦게 오시고, 아침 일찍 나가시고는 하시죠. 저는 아버지의 별명을 지어 봤어요. 부엉이, 호랑이 등이요. 그 중에서도 부엉이가 나을 거예요.

 이제는 조금만 일찍 들어오셔서 제가 그런 별명을 생각하지 않게 되었으면 좋겠어요.

3. 끝부분

편지의 끝부분에는 끝인사, 쓴 날짜, 보내는 사람의 이름 등을 적습니다.

우선 하고 싶은 말이 모두 끝나면 집에 방문했다가 돌아갈 때 주인에게 하듯이 정중하게 인사를 해야 합니다.

- 안녕히 계세요.
- 다음에 또 쓰겠습니다.
- 건강하세요.

하는 식으로 말입니다.

끝인사도 사람에 따라 달라지게 됩니다.

웃어른인 경우라면 이런 표현을 할 수 있습니다.

- 드릴 말씀은 너무 많습니다. 하지만 오늘은 이만 줄일까 합니다. 항상 건강하십시오.
- 끝맺기가 너무 아쉽습니다. 다음에 다시 편지 드리겠습니다.

이만 펜을 놓겠습니다. 감기 조심하시고 옷 따뜻하게 입고 다니세요.

가까운 사람이라면 이런 끝인사가 적합합니다.

 오늘은 이만 줄일까 해. 항상 건강해야 해.
 그럼, 이만 줄일게. 다음에 만날 때까지 잘 있어.
 섭섭하지만 오늘은 그만 쓰겠어. 우리 서로 건강하자.

아랫사람이라면 이런 표현을 하면 됩니다.

 그만 줄인다. 항상 건강해라.
 그만 쓰고 다시 만나서 긴 이야기를 나누자. 그때까지 안녕.

끝인사를 했다면 이제 편지 쓴 년, 월, 일을 씁니다.
일기가 아니기 때문에 시간이나 요일, 날씨 등을 쓸 필요는 없습니다.
또한 날짜란 숫자에 불과하므로 받는 사람에 따라 다르게 쓸 필요도 없죠. 날짜는 다만 받는 사람에게 편리함을 주기 위한 것입니다.

　마지막으로 보내는 사람의 이름을 맨 끝에 밝힙니다. 그리고 이름 끝에 받는 사람과의 관계에 맞게 웃어른이라면 '올림' 내지는 '드림'을, 가까운 사람이거나 아랫사람이라면 '씀'을 함께 적어 둡니다.

　예를 들어 보죠. 웃어른이라면 '손주 호야 드림', '선생님의 제자 김철수 올림' 등의 표현을 합니다.

　가까운 사람이라면 '친구 민경 씀', '너의 벗 희수가' 등의 표현이 적절합니다.

　아랫사람인 경우라면 '철규 형이', '성경 누나가' 등의 표현을 합니다.

　쓴 날짜와 이름을 쓸 때는 그 쓰는 자리를 잘 맞추는 것이 좋습니다. 대체로 오른쪽 끝부분에 씁니다.

　다음 예문에서 확인해 보세요.

> **예문**
>
> (…….)
> 그럼 여름 방학 때 찾아 뵙겠습니다. 안녕히 계십시오.
>
> 5월 5일
>
> 선생님의 제자 민호철 올림

하지만 편지를 쓸 때의 형식과 요령은 편지를 쉽게 쓰기 위한 방법에 지나지 않습니다. 전체적인 틀일 뿐이지요.

그런 형식과 요령에 너무 얽매이다 보면 내용이 거북스럽고 딱딱해질 수밖에 없습니다.

편지를 쓰는 사람의 개성과 관심에 따라 다양한 편지 쓰기가 가능합니다. 어린이 여러분도 형식에 얽매이지 말고 개성적으로 편지를 쓰는 연습을 해 보세요.

이제 아들이 아버지께 보내는 한 편의 편지를 위에서 설명한 몇 가지 단계에 따라 나누어 보여 드리도록 하겠습니다.

단계에 따라 내용의 변화를 눈여겨 살펴보세요.

예 문

부르는 말: **자상하신 아버지께**

계절 인사: 단풍이 들고 낙엽이 하나 둘 떨어지고 있습니다. 벌써 초겨울 같아요.

받는 사람 안부: 날씨가 그렇게 변덕스러운데 아버지가 계시는 그 곳은 어떤가요?

자기 안부: 저도 아버지 덕분에 아주 잘 있답니다. 저번에도 운동회에서 달리기로 일등을 했을 정도예요.

하고 싶은 말: 아버지가 중동으로 떠나신 뒤로 엄마가 많이 힘들어 하셨어요. 항상 무슨 일이 있으면 아버지한테 의지했는데 아버지가 안 계시니까 여러 가지가 어려우셨나 봐요. 저와 민수는 너무 어리니까 뭘 부탁해도 별 도움이 안 되잖아요. 그래도 저희들은 열심히 아버지의 빈 자리를 채워 드리려고 애쓰고 있어요.

이번 여름 방학 때 아버지가 계시는 곳으로 갈지 모른다고 어머니가 그러셨어요. 아버지가 바쁘셔서 못 오시면 그렇게 할 거라구요. 아버지도 알고 계셨어요?

저는 벌써부터 가슴이 뛰어요. 외국에 가 본다는 설레임도 있지만 아버지가 일하시는 곳에 가서, 직접 아버지와 아버지의 일터를 눈으로 볼 수 있다는 사실이 믿어지지 않거든요.

"네가 이번 시험에 좋은 점수를 받으면 아버지께 좋은 선물이 되겠다."

엊그제 어머니가 그런 말씀을 하셨어요. 정말 그럴 것 같았어요. 그래서 요즘 저는 자는 시간도 줄이고 공부를 하고 있답니다. 아버지께 좋은 선물을 갖다 드리기 위해서 말이에요.

끝인사: 방학이 얼른 돌아왔으면 좋겠습니다. 빨리 아버지를 보고 싶거든요. 그 때까지 건강하

시고, 또 서울에 있는 저희 걱정은 너무 하지 마세요. 어머니도 제가 잘 보살펴 드릴게요. 그 때까지 안녕히 계세요.

쓴 날짜:　　　　　　　　　　　　　10월 15일

보내는 사람:　　　　　　　　　　아들 정원 올림

4 여러 종류의 편지

편지는 내용에 따라 여러 종류로 나누어집니다. 편지의 내용은 받는 사람의 상황, 보내는 사람의 마음에 따라 달라질 수 있는 것이지요.

편지의 종류에는 문안 편지, 축하 편지, 위문 편지, 사과 편지, 소개 편지, 교제 편지 등이 있습니다.

1. 문안 편지

　문안 편지는 멀리 떨어져 사는 가족이나 친척들에게 또는 선생님이나 친구들에게 보내는 편지를 말합니다. 특별한 목적이 있다기보다는 보내는 사람과 받는 사람 사이의 정을 쌓으면서 그 동안의 일을 묻고 확인하는 편지라고 할 수 있습니다. 대부분의 편지는 문안 편지에 속합니다.
　다음의 편지를 읽어 봅시다.

> **예 문**
>
> **선생님께**
>
> 선생님, 안녕하세요!
>
> 저는 선생님의 말괄량이 제자 은선이에요.
>
> 하얀 눈이 펑펑 내려 온 도시를 하얗게 물들이던 겨울도 이젠 지나가고 봄이 오네요. 이제는 옷을 벗었던 나무들도 초록 옷을 입고 개나리, 진달래도 다시 피겠지요.
>
> 선생님, 4학년 동안 즐겁고 신이 났던 일들은 참 많았어

요. 특히 비오고 땅이 질척질척한 날 맨발로 축구를 할 때의 일이 제일 기억에 남습니다. 맨발로 공을 차서 골을 넣었을 때는 정말 즐겁고 신이 났어요. 마치 제가 가장 위대한 축구 선수라도 된 것처럼 떨쩍떨쩍 뛰며 좋아했죠. 비오는 날 운동장에서 또 맨발 축구를 하고 싶어요. 어디 그뿐인가요. 대운동회날 같이 뛰고 달리던 일도 기억에 남습니다.

하지만 선생님, 즐겁고 신이 났던 일들도 많았지만요, 힘들었던 일도 많았어요.

일요일날 우리 반끼리 광교산에 올라갈 때는 정말 힘들었어요. 그 때는 정말 힘도 들고 다리도 아프고 해서 집에 가고만 싶었어요. 그래도 맑은 공기를 마시고 산에서 소리도 지르니까 힘든 기분도 어느새 사라졌어요. 저는 커서 맑은 공기를 많이 마실 수 있는 곳에서 살아갈 거라고 그 날 마음속으로 약속을 했답니다.

슬펐던 일도 있었지요. 바로 선생님께서 벌칙을 주실 때였어요. 토끼걸음으로 복도 한 바퀴 돌 때, 전 그 때 속으로 엉엉 울었어요. 얼마나 힘들었는지 몰라요. 그 때는 선

생님을 원망도 했답니다. 그렇지만 선생님께서도 속상하셨을 거예요. 저희가 잘못을 했으니까 그런 벌은 마땅히 받아야 되겠지요. 가만히 생각을 해 보면 4학년 동안 제가 잘못한 일이 참 많아요. 편을 짜서 친구를 따돌리기도 하고, 다른 친구 흉도 보고, 선생님 말씀도 안 듣고…….

지금 생각해 보니 잘못한 점이 참 많네요. 5학년에 올라가면 그런 나쁜 버릇부터 고쳐야겠지요.

선생님, 이제라도 따돌렸던 친구에게 진심으로 사과하고 싶어요. 그 애는 바로 순영이에요. 축구할 때 발을 걸고, 소리를 지르고, 가끔씩 놀리기도 했어요. 그래서 5학년에 올라가기 전에 꼭 사과를 하고 싶어요. 왠지 그래야 할 것 같은 생각이 드는군요. 제가 순영이에게 사과를 할 수 있게 선생님께서 도와 주세요.

선생님, 선생님은요, 우리에게 좋은 모습과 싫은 모습을 동시에 보여 주셨어요.

좋은 점은요, 저희들을 사랑해 주시는 따뜻한 마음과 저희 마음을 이해해 주시는 넓은 사랑이에요. 영원히 못 잊을 거예요. 항상 우리를 웃겨 주실 때의 모습도 못 잊을 겁니다. 하지만 싫은 모습도 있었답니다. 욕하는 것이에요. 물론 저희가 화낼 일을 하고는 했지만 욕하실 때는 정말 싫었어요.

　선생님, 제가 저의 5학년 계획을 말씀드릴게요. 선생님 말씀 잘 듣고 친구 따돌리지 않고 자기 주장만 내세우지 않는 것이에요. 제 계획 멋지죠?

　선생님, 그럼 이만 줄일게요. 안녕히 계세요!

　　　　　　　　　　　　　　1999년 2월 27일 토요일
　　　　　　　　　　　　　　　　　제자 은선 올림

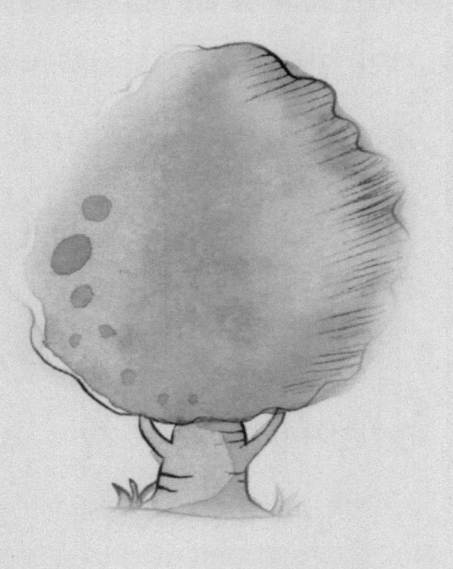

예 문

선생님께

선생님 안녕하세요!

저는 선생님의 사랑스런 제자 영선이에요. 벌써 봄기운이 느껴지네요. 조금만 있으면 봄처녀가 우리 곁으로 다가오겠죠?

조금 있으면 4학년이 끝나간다고 생각하니까 그럴까요? 지난 일을 생각하면 너무 그립고 아쉽기만 하네요.

처음으로 제가 선생님과 친해진 계기는 작년 3월, 선생님께서 임시 반장을 뽑으실 때였을 거예요. 그 때, 뜻밖에도 제가 임시 반장이 되어서 너무나 기쁜 마음에 '야호' 하고 소리를 질렀는데 선생님께서 '욕심쟁이 아가씨로군요' 하셨지요. 그리고는 따뜻하게 웃어 주셨어요. 그 때의 그 말씀과 웃음이 일 년이 지나도록 생각납니다.

임시 반장을 하고 반장 선거 때 회장이 되었죠. 저는 회장이었지만 너무나도 많이 부족했어요. 그래도 선생님께서는 사랑과 따뜻한 마음씨로 늘 저를 감싸 주시고 바른 길로

인도해 주셔서 전 이렇게 어엿한 5학년이 되었습니다.

그리고 다른 반은 1반, 3반 등등 숫자로 반을 나타냈는데 저희 반만 아니었지요. 겉으로는 5반이었지만 교실 안에서는 촛불 사랑반으로 불리었지요. 앞으로 먼 훗날 어른이 되고 결혼을 해서도 다른 건 다 잊어도 촛불 사랑반만은 못 잊을 거예요.

이제 와서 생각해 보니 촛불 사랑반에는 아주 소중한 추억이 많이 있습니다. 그리고 잘 했던 생각보다는 부족했던 점부터 떠오릅니다. 친구들과 싸우고, 욕하고, 장난치고, 공부 시간에는 틈만 나면 짝궁이랑 떠들고, 청소 안 하고, 소리지르고 등등 많은 잘못을 했지요. 그래도 선생님께서는 화내지 않고 타일러 주셨어요. 생각하면 생각할수록 너무나 감사하고 고맙습니다.

기억에 남는 일 중 하나는 선생님께서 화성에 다녀오시다가 쓰러지셨을 때의 일이에요. 정말로 걱정을 많이 했어요. 늘 저희를 웃겨 주시고 감싸 주셨는데, 영원히 못 뵙는 건 아닐까, 별 이상한 생각을 다 했어요. 입원하시면 어쩌지, 학교를 그만두시면 어쩌지……. 이제 와서 생각하면 너무 지나친 걱정이었지만요.

며칠 있으면 봄방학입니다.

아직도 선생님 마음을 다 채워 드리지도 못하고, 선생님께 해 드린 것도 부족한데 벌써 헤어질 시간이 되었어요. 그리고 겨울 방학 전날 우리 반에서 앙케트를 했잖아요. 가장 인기 있는 아이가 누구냐구요.

그 앙케트에서 저와 용의가 뽑힌 것은 두고두고 못 잊을 거예요. 겉으론 싫어했지만 속으로는 너무나 좋았어요. 실은 제가 용의를 아직도 좋아하거든요. 친구로서 든든하고 재미있잖아요.

그런데 선생님께서 제 속마음을 알아 주시고 둘을 묶어 주신 것 같아 즐겁고 좋았어요.

5학년 때에도 단소부에 들 거예요. 그래야지 일주일에 한 번이라도 선생님 얼굴을 뵐 수 있잖아요. 그래서 단소부에서라도 4학년 때 못 했던 것, 부족했던 것, 모두 다 해 드리고 싶어요.

촛불 사랑반 사랑이 영원하시길 빌며……. 그리고 내년에는 더 예뻐지시고 건강하세요. 그럼 이만 연필 놓겠습니다.

안녕히 계세요.

2월 27일 토요일
선생님의 사랑스러운 제자 영선 드림

> 예문

소연이에게

소연아, 안녕. 벌써 가을이 되었다. 소연이를 만난 때가 5학년 봄이었으니까, 우리가 친구가 된 지 일 년 반이 되어 가고 있구나.

일 년 반이란 시간 동안 난 너에게 한편 고맙고, 다른 한 편으론 미안해. 말이 뭐 그러냐구?

하지만 고마우면서도 미안하고, 미안하면서도 고마운 게 내 진심인걸…….

우선 내성적이고 사교성도 없는 내게 언제나 든든한 친구가 되어 주어서 고마워. 지난번에 찬수가 나 괴롭힐 때, 네가 불쑥 나타나 찬수랑 한 판 붙던 모습만 떠오르면 지금도 얼마나 웃음이 나오는지 몰라. 그러고 보니 너와 친구가 된 계기도 너의 그런 행동 때문이었어.

봄소풍 때 말야. 같이 다닐 친구가 없어서 여기저기 어슬렁거리고 있는데 그 때 네가 다가와 이렇게 말했어.

"너도 재미없니? 나도 재미없어."

그렇게 말했지만 너는 전혀 재미없는 표정이 아니었어. 아마도 내가 외로워 보이니까 친구가 되어 주려고 그렇게 말했을 거야.

그 날 너는 재미없고 유머 감각도 빵점인 나와 놀아 주었어. 평소 인기도 많고 공부도 잘 하는 네가 하필 나 같은 애와 친구가 되어 주다니…….

조금은 어색하고 이상했어. 하지만 그 소풍날은 내게 가장 소중한 추억으로 남아 있단다.

친구가 있다는 것이 그렇게 행복한 일인지 난 너를 통해 알았어. 정말 너는 내게 정말 고마운 친구야. 친구의 소중함을 알게 해 주었잖아.

하지만 소연아, 너에게 미안한 점도 많아.

내가 투정을 많이 부렸잖아. 아이들 속에 둘러싸인 널 보면 괜히 심술을 부리고 그랬지. 누구랑 놀지 말라고 함부로 말하기도 하고……. 말은 안 했지만 너도 참 속상했을 거야. 지금 생각해 보니 그건 우정이 아니었어. 정말 미안해.

그만큼 내가 널 좋아하고 아끼는 거라고만 이해해 줘. 그럴 수 있지?

이제 겨울이 지나고 봄이 오면 우린 중학교에 입학하겠지. 다른 학교에 갈 수도 있고, 같은 학교에 입학해도 다른 반이 될 수 있을 거야. 그래도 우리 영원히 친구 하기다. 중학교뿐 아니라 고등학교, 대학교 가서도 말야.

우리 언제까지나 서로의 자리를 마음속에 담아 두고 살자.

그럼 잘 있어. 다시 편지 할게.

10월 3일

너의 웃음을 닮고 싶은 해진 씀

예 문

외할아버지께

외할아버지 안녕하세요? 전 안나예요.

하늘의 날씨는 어떤가요? 제가 사는 이 곳에도 꽃이 활짝 핀 봄이 왔어요. 외할아버지, 하늘 나라에서도 몸 건강하세요? 저는 건강히 잘 있고 큰언니, 작은언니, 엄마, 아빠도 모두 건강해요.

외할아버지, 저는 반장이 되었어요. 하늘에서 기뻐해 주셔요. 그리고 또 기쁜 소식은요, 이번 체육 대회에서 저희 반 아이들이 400미터와 800미터에서 3등을 했어요.

그리고요, 반 바퀴를 뛸 때 저희 반이 4등으로 뛰고 있었는데 제가 3등짜리 아이를 제쳐서 저희 반이 3등으로 들어온 거예요. 그래서 기분이 너무 좋았어요.

그런데 학교에서 안 좋은 일도 몇 가지 있어요. 아이들이 너무 많이 떠들면 머리가 깨질 것 같아요. 조용히 해! 하고 소리를 지르면 조용히 하는 아이도 있고 더 떠드는 아이들도 있어요. 외할아버지, 하늘 나라에서 제가 고통을 받을

때 희망과 용기를 주세요.

　참, 전 6학년이 되면 꼭 전교 어린이 회장이 될 거예요. 그래서 꼭 저의 학교를 빛내겠어요. 하늘 나라에서 저를 꼭 지켜봐 주세요. 외할아버지께서 저에게 용기를 주신다면 전 꼭 희망을 가질 거예요.

　외할아버지, 하늘 나라에서 몸 건강하세요.

4월 19일, 따뜻한 봄날

외손녀 안나 올림

2. 축하 편지

좋은 일이 있을 경우에 그것을 축하하는 의미로 편지를 보내는데, 이런 편지를 축하 편지라고 합니다. 축하 편지에는 진심으로 축하한다는 내용을 담아야 합니다.
다음 편지처럼요.

> **예문**
>
> **형욱이에게**
>
> 오늘로 형욱이 네가 열 살이 됐구나. 네가 나보다 한 달 정도 생일이 느리니까 엄밀히 말하면 넌 내 동생이야. 그래서 내가 자주 놀리곤 했지. '야, 누나라고 불러.' 그러면서 말야.
>
> 하지만 언제나 넌 내게 오빠처럼 굴었어. 숙제를 안 해 오거나 준비물을 잊고 오면 제법 선생님처럼 다그치기도 하고, 다음부터는 꼭 해 오라고 부탁도 하고 말야. 그 때마다 겉으론 비웃었지만 속으론 네가 너무 의젓하게 여겨졌어.
>
> 저번 달 내 생일 때 선물로 준 책 《어린 왕자》 고마웠

어. 평소 읽고 싶던 책이었는데……. 벌써 두 번째 읽고 있어.

중간 중간에 들어간 어린 왕자의 그림을 보면서 자꾸만 네가 떠올랐어. 너랑 정말 닮은 거 너도 알고 있니? 얼굴도 하얗고, 볼도 빨갛고, 게다가 그 표정이 너와 똑같아. 물론 넌 아니라고, 네가 더 잘생겼다고 우기겠지만…….

나도 너의 생일날 뭘 해 줘야 하나, 많이 고민했는데. 그러다가 생각난 게 있었어. 네가 맨날 그랬잖아. 집에서 막내라고 너만 네 컵이 없다고 말야. 그래서 너한테 꼭 어울릴 만한 컵을 샀어. 마음에 드니? 깨뜨리기 없기다. 알았지?

너의 열 번째 생일 다시 한 번 축하해. 열 살이 되

없으니 이제 우린 동갑이 되었다. 나도 너에게 누나 타령은 더 못 하겠구나.

열한 살, 열두 살, 그리고 스무 살, 서른 살……. 언제까지나 서로의 생일을 기억했으면 좋겠다.

형욱아, 정말 무지무지 네 생일 축하한다.

크리스마스 이브날

친구 미나가

예문

성은 누나께

어제 저녁에 저녁을 먹는데 엄마가 갑자기 그러셨어요. 성은 누나가 결혼하게 됐다고……. 먹던 밥이 올라오는 줄 알았어요. 왜냐구요? 선머슴애 같은 누나가 시집을 가다니, 그걸 누가 믿겠어요?

그날 밤, 웨딩 드레스 입은 누나를 상상해 봤어요. 근데

4. 여러 종류의 편지 · 97

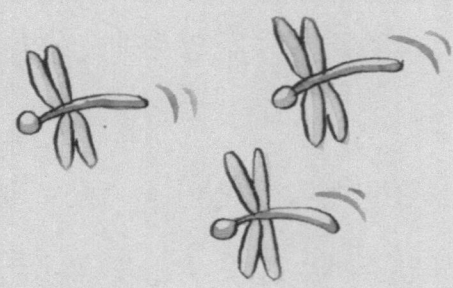

　아무리 머리를 쥐어짜도 잘 그려지지 않는 거 있죠? 누나도 알죠. 누나 참 말괄량이처럼 생겼잖아요. 어른들은 그런 누나를 보고 망아지 같다고 놀리셨어요.

　하지만 난 그런 누나의 모습이 참 좋았어요. 어린 사촌들이랑 뛰어 놀기도 하고, 먹는 것 갖고 싸우기도 하고 말이에요. 지금도 눈에 선해요. 우리랑 같이 개울가에서 물장난하다 큰고모한테 누나 많이 혼났죠? 여자애가 왜 그 모양이냐면서요.

　그랬던 게 엊그제 같은데 그런 누나가 벌써 시집을 가게 되었다니, 어떻게 제가 믿을 수 있겠어요?

　하긴 2년 전쯤에 엄마가 하신 말씀을 듣긴 했어요. 누나가 몰라보게 예뻐졌다고요. 애인도 있다고 얼핏 들은 것 같은데....... 그 때 누나가 얼마나 보고 싶었는지 몰라요.

그런데 멀지도 않은데 한 번 만나는 것이 너무 어렵기만 하네요.

하지만 걱정 말아요. 누나 결혼식 날은 꼭 가서 누나의 웨딩 드레스 입은 모습을 보고 말 테니까요.

누나, 결혼 정말 축하해요. 그리고 시집가서도 정말 정말 행복하게 사세요. 말썽쟁이 현수도 빨리 커서 예쁜 신부 만나야 될 텐데....... 하하.

누나, 다시 한 번 결혼 축하드려요.

9월 30일
멀리서 현수 올림

3. 위문 편지

병원에 입원해 있거나 군대에 간 가족에게 보내는 편지가 위문 편지입니다. 아무래도 받는 사람은 외로움이 많은 상황이기 때문에 마음이 차분해지고 따뜻한 정을 느낄 수 있는 내용을 많이 담아야 합니다.

예문

은경이에게

　이 편지가 도착할 때쯤이면 가을도 저물고 너도 퇴원을 하기 위해 준비하고 있겠다.
　은경아, 안녕. 나야, 나. 현정이.
　처음에 네가 수술을 받는다고 해서 얼마나 놀랐는지 몰라. 온갖 영화나 드라마의 슬픈 내용이 다 생각나는 거 있지.
　정말 걱정 많이 했어. 너무 방정맞지? 하지만 그 땐 너무 걱정스럽고 무섭기만 했어.
　다행히 복막염 수술이라는 말을 들어 얼마나 마음이 놓였

는지 몰라. 그리고 무사히 수술이 끝나고 곧 퇴원한다는 말 들었을 때는 너무 기뻐서 눈물이 나올 지경이었단다.

　병원 생활은 어떠니? 밥은 괜찮아? 사람들은 잘 해 줘? 주사는 아프지 않니? 모르긴 몰라도 조금 답답할 것 같긴 해. 사면이 막힌 공간에 거의 하루 종일 있어야 하잖아. 지난번에 너 문병 갔을 때 많이 창백해 보였어. 햇살을 못 받아서 그런가.

　병원 밖에는 가을이 깊어졌어. 이젠 바람도 선선하고 낙엽도 많이 날려. 거의 하루 종일 시원하고, 참 좋아. 이렇게 좋은 계절에 하필 수술을 하다니……. 너의 몸도 참 심술꾸러기인가 보다.

　하지만 은경아, 걱정하지 마. 이제 너의 몸은 평생 건강하게 지낼 테니까. 너에게 남은 건 밝게 웃으며 예전처럼 나랑 재밌게 뛰어다니는 것뿐이야.

　은경아, 우리 빨리 학교 뒷

산에서 맛있는 거 먹으면서 놀자. 그리고 곧 있을 체육 실기 시험을 위해서 줄넘기 연습하자. 너 병원 밥 먹었다고 빌빌대면 알아서 해.

하루 빨리 너의 웃음을 이 곳에서 봤음 좋겠다. 힘내!

10월 15일

낙엽 소리 들으며 현정 씀

예문

승협 오빠에게

오빠, 안녕. 나 주희야.

요즘처럼 추운 날씨에, 오빠 지내기 괜찮아? 엄마는 텔레비전에 군인만 나오면 눈물을 찔끔거리셔. 아빠도 오빠가 정말 보고 싶은지 맨날 오빠 사진 보면서 한숨만 쉬시는데, 나는 오빠라는 말도 입에 못 담을 정도야.

하지만 나도 오빠가 정말 보고 싶어. 이제 나 키도 많이 크고 살도 쪄서 예전처럼 오빠가 업어 주고, 목마 태워 주진 못 하겠지만 그것 말고도 오빠 만나면 할 게 너무 많을 것 같아. 지난번에 오빠가 보내 준 사진 보니까 오빠가 많이 변했더라. 얼굴도 까매지고 어깨도

4. 여러 종류의 편지 · 105

넘어지고……. 그치만 그 장난기 어린 얼굴은 그대로더라.

참, 오빠. 나 이번에 글짓기 대회에서 상 받았어. 오빠가 있었으면 막 자랑했을 텐데. 오빠가 맨날 나 놀렸잖아. 잘하는 게 없다고. 하지만 이렇게 상도 받고 참 기특하지?

상 받은 글이 어떤 거냐구? 그게 좀 웃겨. 사실은 오빠 얘기였거든. 가족을 주제로 생활문을 쓰는 거였는데, 오빠 얘기를 많이 썼거든. 다른 집이랑 다르게 나이 차이가 많이 나지만 오빠랑 나랑 정신 연령은 비슷해서 잘 놀았잖아. 다른 친구들은 이해를 잘 못 해. 열한 살이나 차이가 나는데 어떻게 말이 통하냐구. 그 애들이 오빠랑 내가 노는 걸 봐야 하는데 말야.

하지만 오빠, 오빠랑 놀았던 기억만 나는 건 아냐. 오빠가 나 학교 생활 잘 적응하지 못할 때 좋은 말 많이 해 줬던 거, 엄마랑 싸우고 울고 있는 나한테 정말 오빠처럼 혼내기도 하고 위로도 해 줬던 거, 나

아플 때 약 사다 주면서 따뜻하게 머리 짚어 줬던 거……. 그런 거 생각하면 정말 코끝이 찡해지기도 해.

오빠, 추운데 감기 조심하고 얼른 제대해. 물론 맘대로 되는 건 아니지만 빨리 오빠랑 예전처럼 지냈으면 좋겠어. 참 다음 달에 휴가 나온댔지? 그 때, 상 받은 내 글 보여 줄게.

그럼 그 때까지 안녕.

1월 5일, 추운 겨울
오빠의 귀여운 동생 주희가

4. 사과 편지

사과 편지란 자신의 실수나 잘못된 점을 반성하고 뉘우치며 용서를 비는 내용의 편지입니다. 이 때는 정중한 표현이 좋습니다.

예문

김호수 선생님께

선생님, 안녕하세요. 제자 성근이입니다.

처음에 선생님께서 제 행동에 대해 반성문을 써 오라고 하셨을 때, 전 속으로 코웃음을 쳤습니다. 제 생각에 전 잘못한 게 없었거든요. 물론 주먹 오가는 싸움이란 결코 좋은 일은 아니겠지만 모든 싸움이 나쁜 것은 아니라고 생각했습니다. 특히 저번처럼 지완이와의 싸움에 있어선 저도 할 말이 많았거든요.

하지만 선생님께서 반성문을 써 오지 않은 나와, 반성문을 써 온 지완이를 나란히 부르시고 똑같이 "넌 너 자신이 몇 대 맞아야 된다고 생각하냐?"라고 물으셨을 때 웬일인지 가슴이 찡했습니다. 지완이가 다섯 대를 맞고 제 차례가 왔을 때, 전 속으로 열 대는 맞아야 한다고 생각했습니다. 그런데 이상하게 그 말이 나오지 않았어요. 전 저도 모르게 "안 맞겠습니다"라고 말해 버리고 말았습니다.

제가 그렇게 하면 선생님이 절 더 야단치고 지완이보다 훨씬 많이 때리실 줄 알았습니다. 괜히 열 대 맞겠다는 말이 안 나와서 대신 그렇게 말한 거였는데……. 그런데 선생님은 정말로 절 안 때리셨습니다. 반성문도 안 써 오고, 매도 거부한 저를 선생님은 그저 한 번 지그시 쳐다보시고 보내 주셨습니다. 교실로 돌아오는 복도에서 마음이 참 이상했습니다.

그 뒤로 일 주일 동안 계속 가슴속이 불편했습니다. 꼭 누구에게 갚아야 할 것을 갚지 못한 마음이 들었어요. 수업 시간에 선생님 볼 때도 많이 불편했어요. 그래서 어젯밤에 많이 생각하고 결정했습니다. 선생님 찾아 뵙고 다시 말씀드려야겠다구요. 그리고 늦었지만 반성문도 내야겠다구요.

선생님, 이 편지를 반성문이라고 생각하시고 읽어 주세

요. 그리고 지완이 앞에서 열 대 맞고 싶습니다. 선생님께서 때리시는 매를 맞으면 저, 금세 철이 들 것 같아요. 다시는 주먹질도 안 할 것 같습니다.

감사합니다, 선생님. 제가 스스로 제 잘못을 깨닫게 해 주셔서요. 언제까지나 선생님의 따뜻한 가르침, 잊지 않겠습니다.

5월 13일
제자 성근 올림

5. 소개 편지

　소개 편지는 다른 사람에게 무엇인가를 추천하거나 사람, 혹은 일자리 등을 소개하는 편지입니다.
　다음 편지는 관광지 추천에 관한 소개 편지입니다.

> **예 문**
>
> **윤나에게**
>
> 　윤나야, 요즘같이 더운 날 잘 지내고 있니?
>
> 　그러고 보니 이제 여름 방학도 얼마 남지 않았다. 그런데 웬 편지냐고? 응, 사실은 너에게 나 자랑할 게 있어서. 그리고 얼마 안 남은 여름 방학 동안 너도 다녀오면 좋을 것 같아서 이 편지에 내가 다녀온 관광지 한 곳을 추천하려는 거야.
>
> 　내가 다녀온 곳은 우리 엄마의 고향인 충청남도 공주야. 백제라고 들어 봤니? 예전에 우리 나라가 삼국으로 나뉘어 있었을 때 말야, 그 삼국 중에 하나를 백제라고 한대. 백제

뿐 아니라 고구려, 신라도 있었다지.

 그 백제의 수도가 공주야. 이름부터가 참 특이하지? 이름만큼 둘러볼 곳이 많은 곳이 공주란다.

 내가 갔던 곳은 무녕왕릉과 국립공주박물관, 그리고 금강 주변의 곰나루야.

 우선 무녕왕릉은 너무나도 유명한 왕릉으로, 백제 25대 무녕왕과 왕비를 합장한 곳이래. 무녕왕릉에서 가장 놀라웠던 점은 벽돌 하나 하나마다 무늬를 새겼다는 점이야. 그 당시에는 벽돌 공장도 없었을 텐데 그 많은 벽돌에 어떻게 하나하나 무늬를 새길 수 있었을까. 생각할수록 놀라워.

 국립공주박물관은 공주의 역사를 가장 잘 말해 주는 곳이야. 한 나라의 수도답게 공주는 화려한 유물을 많이 간직하고 있거든. 그 곳에는 국보 18점, 보물 2점 등 7,497점의 유물을 전시하고 있대. 나도 자세히는 못 봤지만, 나중에 다시 가게 되면 하나하나 세세히 관람할 생각이야.

 하지만 윤나야, 무엇보다 너에게 추천하고 싶은 곳은 금강변에 위치한 곰나루라는 나루터야. 울창한 소나무 숲에 둘러싸인 그 곳은 여름인데도 시원한 솔바람이 분다. 신기

하지? 특히 곰나루에 얽힌 사연이 참 슬퍼. 이 곳엔 암곰과 나무꾼의 슬픈 사랑의 전설이 내려오는 곳이야.

아득한 옛날 한 나무꾼이 금강을 건너다가 암곰에게 붙들려 동굴에서 함께 살게 되었대. 의심이 많은 암곰은 밖으로 나갈 때마다 동굴의 입구를 바위로 막아 놓았어. 그렇게 수년간 살면서 암곰은 점점 나무꾼을 사랑하게 되었고 그렇게 해서 아이들 둘을 낳았다는 거야. 그런데 어느 날, 나무꾼은 곰이 방심한 틈을 타서 동굴을 빠져 나와 강을 건너가고 말았대. 상심한 곰은 두 아이를 안고 강물에 몸을 던져 죽었다고 하더군. 그 뒤 흉년이 잦고 배가 자주 전복돼서 사람들은 그 곰을 위해 사당을 세웠대. 그런데 이상하게도 그 뒤부터는 그런 나쁜 일이 일어나지 않았다는 거야. 지금도 소나무 숲에는 그 곰을 모신 곰사당이 있어.

이 전설을 들으니까 왠지 가슴이 찡해지더라구. 물론 사람과 곰의 사랑이란 좀 황당하긴 하지만 그 곰이 정말 곰이 아닐 수도 있다는 생각을 했어. 오랫동안 야생에서 혼자 산 여자일 수도 있다는 생각 말야.

여하튼 정말 의미 깊은 여행이었어. 사람 많은 해수욕장이나 계곡보다는 훨씬 좋았어. 윤나야, 너도 개학하기 전에 꼭 한 번 다녀와라. 알았지?

남은 방학 잘 보내고 건강하게 다시 보자.

그때까지 안녕.

7월 4일

친구 명희가

6. 교제 편지

친구를 소개하거나, 남녀가 서로 친하게 지낼 수 있도록 서로 주고받는 편지가 여기에 속합니다.

예문

지양이에게

　내가 이렇게 불쑥 편지를 해서 지금 편지를 받아 읽고 있는 너는 많이 놀랐을 거야. 그렇지?
　날씨가 많이 선선해졌어. 이제 곧 가을 소풍도 가겠다.
　지난 한 학기 동안 네가 나의 짝이어서 난 너무 좋았어. 물론 가끔씩 널 괴롭히기도 하고, 장난감 지렁이로 놀래키기도 했지만 나쁜 뜻이 있어서는 아니었어. 알고 있지?
　전번에 말했듯이 나에겐 형이 한 명 있어. 중학생인데 나랑 참 친해. 형에게 종종 네 얘기를 하면 형은 날 놀리곤 했어. 나보고 지금 첫사랑을 하는 거래. 그럴 때마다 난 막 화를 내면서 형이랑 며칠 동안 말도 안 하고 지냈거든. 그

냥 너무 창피했나 봐.

그런데 언제부터인가 형의 그 장난 섞인 말이 전혀 이상하게 느껴지지가 않는 거야. 오히려 듣고 싶고, 또 더욱 네 생각이 나고 말야. 내가 이런 말 하면 넌 화를 낼지도 모르겠다. 하지만 장난으로 하는 말은 아닌데…….

형이 그러는데 누가 누구를 좋아하는 건 나이와는 상관이 없대. 그래. 난 너를 조금 좋아하는 것 같아. 그치만 너도, 나도 겨우 열한 살이니까, 고작 4학년이니까 조금 이상하게 느껴지기도 하지. 그렇다고 너에게 나도 좋아해 달라고, 우리 따로 자주 만나자고 하는 건 아냐. 난 다만 너에게 내 마음을 보여 주고 싶을 뿐이야. 내가 너에게 이런 편지를 쓰지 않으면 넌 아마 날 장난 심한 짝으로만 기억할 것 같

아서, 그래서 이런 편지를 쓰는 거야.

지양아, 그래서 하는 말인데 우리 친하게 지내자. 그리고 무슨 고민 있으면 얘기도 하고……. 저번처럼 누가 널 괴롭히면 나한테 말해. 내가 도와 줄게.

이런 편지는 정말 처음 써 본다. 너도 처음 읽어 보겠지? 네가 내 마음을 이해하고 이 편지를 고이 간직해 주었으면, 하는 욕심을 내 본다.

지양아, 가을 소풍 재밌게 보내고 곧 있을 수학 경시 대회에서도 시험 잘 봐라. 알았지?

9월 17일
너의 옛짝 진우가

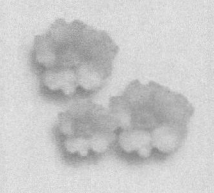
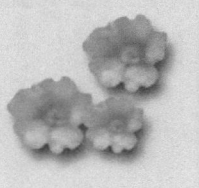

5 봉투 쓰기

편지 봉투나 우편 엽서에는 주소와 이름을 정확하게 써야 합니다. 특히 봉투는 표준 규격 봉투를 써야 합니다.

봉투 쓰기 역시 받는 사람에 따라 그 쓰는 방법이 다릅니다.

우선 받는 사람이 어른일 경우에는 '○○○님', 또는 '○○○ 귀하'라고 씁니다.

이런 경우 보내는 사람의 이름은 '○○○ 올림', 또는 '○

○○ 드림'이라고 써야 합니다.

받는 사람이 아랫사람이거나 친구일 때는 '○○○에게', 또는 '○○○ 앞'이라고 씁니다. 보내는 사람의 이름은 '○○○가'라고 쓰기도 하고 이름만 쓰기도 합니다.

1988년 2월 1일에 새로이 발표된 편지 봉투 쓰는 방법을 자세히 알아 둘 필요가 있습니다.

표준 봉투와 봉투 쓰는 방법

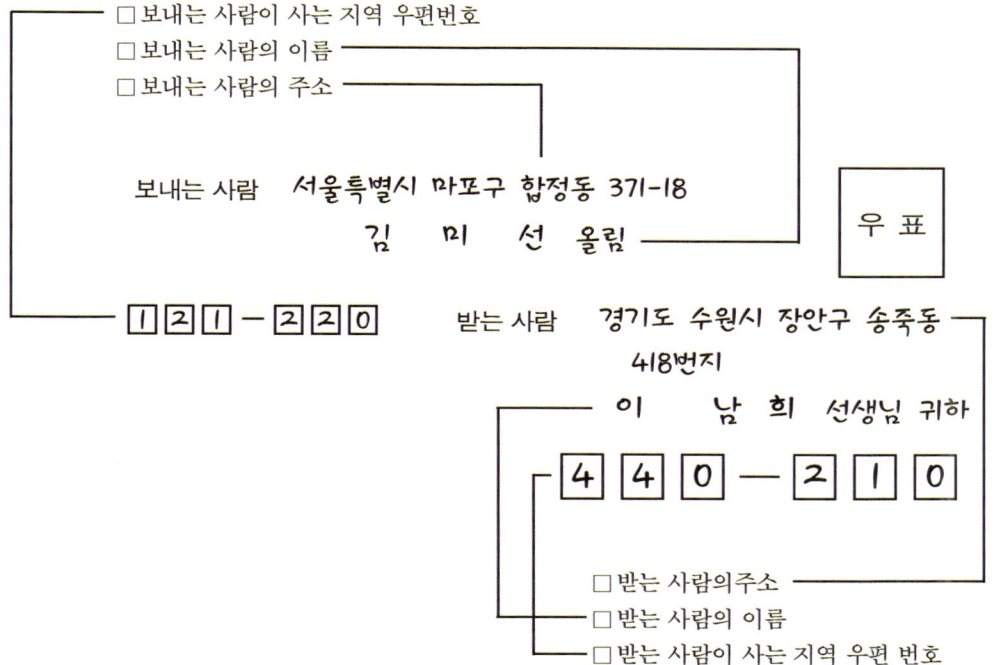

【에필로그】

책을 왜 읽어야 할까요?

손에서 핸드폰을 놓지 못하는 요즘 아이들이 책을 읽어야 할 이유는 분명하다. 영상이 넘치는 시대에 왜 글읽기를 해야 하느냐고 묻는다면, 이 진부한 질문의 시작이 참신함의 역행이 필요한 요즘이다. 정보의 양이 쏟아지는 디지털 시대에 정보 양을 많이 습득할수록 어느 정도의 지식수준과 문해력을 갖췄다는 착각의 상태에 빠진다. 그러나 정보를 얻는 것과 독서를 하는 행위는 전혀 별개의 차원이다. 독서는 텍스트의 뜻을 헤아리고 행간행간 마다 연결되는 의미를 풀어가는 고차원의 인지행위다. 나의 관점에서 생각하고 의미를 재구성하는, 매우 적극적이고 미래지향적인 인지활동인 것이다. 오늘날 중요한 이슈로 부각되는 가짜뉴스, 사회적 문제, 가상과 현재가 뒤섞이는 현실에서 독서는 가치판단이나 사실과 허위를 구분하는 당위성이 만들어진다는 것에 매우 중요한 도구다. 다양한 디지털 매체의 증가로 오히려 집중력이 떨어진다. 주의를 빼앗기면 집중력이 떨어지고 한 곳에 몰입하는 현상이 나타난다. 이런 집중하지 못하여 사고의 깊이가 소멸되는 현상이 발생할 가능성이 크다. 인간이 인공지능이나 기술문명에만 의존하면 지식의 노예가 될 수 있듯이 말이다. 영상 길이가 1분이 넘지 않는 댄스 챌린지 영상을 보고 있으면, 시간이 가는 줄 모르고 손에서 핸드폰을 놓지 못한다. 1.5배나 2배속으로 빨리 돌려보는 동영상은 어떨까. 그럴수록 우리의 집중력은 퇴화되는 게 아닌가 싶다. 갈수록 집중력은 떨어지고 정보의 습득은 가벼운 정보전달에 불과하여 깊이 읽는 사고의 문맹률은 계속 늘어날 것이다. 슬픈 현실에서 우리가 알아야 할 것은 집중력을 되찾는 것이다. 방법은 한 가지다. 책을 읽는 것이다. 독서가 가진 긍정적이고 실용가능성의 효용성은 빌게이츠, 스티브잡스, 일론머스크, 워런 버핏 등 성공한 인물들의 예로 알 수 있다. 독서의 지속 가능성은 항상 열려 있었다. 움베르트 에코는 "책 읽지 않는 사람은 단지 자신의 삶만 살아가고 또 앞으로 그럴 테지만, 책 읽는 사람은 아주 많은 삶을 살 수 있다"라고 했다. 인지 신경학자인 메리언 울프에 따르면 인간은 '읽는 유전자'를 가지고 있지 않았다고 한다. 선천적으로 타고난 것이 아니라 후천적으로 꾸준히 훈련하여 습관을 만들어 읽는 능력을 키워 나가야 한다. 읽어야 성장할 수 있고 지속 가능하게 나아갈 수 있다. 읽는 사람은 읽지 않는 사람에 비해 뇌의 가소성은 증가한다. 깊이 오래 읽을 때 뇌 가소성은 더욱 발달한다. 메리언 울프는 뛰어난 독서가의 뇌는 문서의 빠른 해석을 가능하게 하는 특정 부분이 발달한다고 말했다. 특정 부분이란 오래되고 지속적인 깊은 독서로 나아가는 행위다. 그 행위가 독서의 중요한 역할이다. 책을 읽으면 뇌가 활성화되면서 처음에는 책을 읽는 것이 어렵지만 우리 뇌는 습관화되면 독서도 쉽게 읽는 방향을 그린다. 뇌의 가소성(可塑性, neural plasticity) 덕분에 뇌는 자주 경험하는 일을 신경 회로를 변형시켜 더 쉽고 빠르게 처리해 낸다. 이를 통해 책을 읽는 행위가 자연스럽게 다가온다.

책 읽는 뇌를 만들어가는 것은 지속가능한 독서의 시작이다. 전략적인 독서로 이어가다 보면 자연스러운 독서습관이 만들어지고 나아가 독서는 일상이 된다. 일상의 독서는 후천적인 노력, 즉 습관과 마음가짐이다. 좋은 독서환경을 만들어가는 것도 독서의 지속가능성이다. 필요 이상으로 우리의 책 읽기는 디지털 시대에 절실하게 요구되는 생존 도구임에 틀림없다. 디지털 시대에 스스로 자각하고 통찰하는 사람만이 살아남을 것이다. 독서가 인류의 생존 조건으로 다시 주목받고 있는 이유다.

▣ 저자 김종윤 약력

전라북도 남원시 대산면에서 태어나 한국외국어대학교 법학과를 졸업하였다.
1993년 월간 『시와 비평』으로 등단하여
장편소설 『어머니는 누구일까』, 『아버지는 누구일까』,
『날마다 이혼을 꿈꾸는 여자』, 『어머니의 일생』 등이 있으며,
옵니버스식 창작동화 『가족동화 10편, 가족이란 누구일까요?』가 있다.
그리고 『문장작법과 토론의 기술』, 『어린이 문장강화(전13권)』이 있다.

나의 첫 질문 국어공부 어떻게 해야 할까요?
제8권 : 어린이 문장강화 **편지글** 편

초판 1쇄 인쇄일 : 2025년 5월 23일
초판 1쇄 발행일 : 2025년 5월 28일

지은이 : 김종윤
발행인 : 김종윤
펴낸곳 : 주식회사 자유지성사
등록번호 : 제 2-1173호
등록일자 : 1991년 5월 18일

서울특별시 송파구 위례성대로 8길 58, 202호
전화 : 02) 333-9535 / 팩스 : 02) 6280-9535
E-mail : fibook@naver.com
ISBN : 978-89-7997-448-5 (73800)

이 책은 저작권법에 따라 보호받는 저작물이므로 무단전재와 복제를 금합니다.